藝陣

傳承正統民間習俗
人人都可拜出好運

時代日漸進步，中國民間的傳統逐漸被淡忘，在筆者職業當中，每逢過年過節常常有很多客戶打電話給我，問我要準備什麼樣的金紙、什麼樣的供品，才能拜出好運，在長期被客戶煩了十五年之下，決定出一本有關於拜拜及民間習俗的書，一方面是將中國如何向神佛祈福的方法流傳下來；另一方面，杜絕以訛傳訛的錯誤，避免正確的拜拜方法變質。

西元二〇〇〇年，武陵出版社出了一本財神農民曆，在台灣上市一個星期後，在新加坡、馬來西亞、中國大陸卻出現了筆者與陳鵬仁先生兩個人的農民曆合訂本，並銷遍大江南北，書本上連陳老師及筆者的住址電話都沒有更改，最後由國外的朋友帶回那本農民曆給筆者看。當時我非常訝異，陳鵬仁老師在命理界非常有名，他的農民曆在台灣暢銷有二、三十年，一位後起之秀，竟然與大師可以合作一本書，在國外暢銷，我實在很幸運。當時我打電話給陳老師，把國外的書轉交給他，並附上我自己寫的農民曆，陳老師在電話中十分贊許我，認為日後筆者會是一位暢銷的作者。在我的心中，雖然很不願意書被人家翻抄，但是，能與大師平起平坐，心中非常高興，並默許，有一天我要再做一本比財神農民曆更好的書籍，把拜拜和民俗傳承下去。

二〇〇三年SARS期間，台灣各行各業的生意非常清淡，在這段期間偶然一個機會裡，認識了生智出版社劉筱燕小姐，當我提出想寫這本書的計畫時，劉小姐非常贊成，並鼓勵我利用SARS期間，多為這個社會供獻一些東西，因此才有這本書的誕生，這本書是我與我弟弟胡山羽先生，共同收集資料、共同著作，希望對這個社會能盡棉薄之力，當然這本書不是最好的作品，希望能與熱愛台灣這片土地的人共同研究，也希望各位先進多多指正。

胡婕筠

【目次】

壹 拜拜有方，有求必應

【目次】

#【目次】

【目次】

參 從根治本，改變運氣 130

壹 拜拜有方，有求必應

- 祭拜必備供品
- 祭拜必備金銀紙錢
- 祭拜的時間、次序與注意事項
- 焚香、擲筊、求籤

祭拜必備供品

祭祀時，信眾皆準備各式供品來祭拜或「許願」，做為表達其虔誠敬獻神祇的心意，同時也期望神祇能體會信眾的誠心，而賜予所祈求的願望得以實現；一旦願望實現，信眾也會根據先前對神祇許願時所說的答謝內容，如實準備相關的供品或物品前來「還願」，這種準備供品祭拜神祇的行為，隱含著傳統「報謝」的原則。

民間於祭拜活動中所準備的供品相當多元，除少數外來的食品如蕃茄、蕃石榴等，凡是一般生活中常見的食物多可做為供品。在此僅以幾項較為普遍的供品與年節必備的應景供品加以介紹，並表列如下：

一、菜餚

名稱	內容	用途
菜飯(五味碗)	即家常菜餚： 1. 祭祖時，以切盤的豬肉、雞、鴨、魚等，加上烹煮的菜餚，合成十道或十二道，再供上主食米飯或麵條。 2. 祭鬼時：較不講究，用白米飯、幾碗菜餚、水酒即可。	用於祭祀祖先、孤魂野鬼（好兄弟）。
菜碗	即乾料或素菜，如香菇、金針、豆皮、木耳、紅豆、黃豆、花生、海帶、豆干、蘑菇、芋頭、麵筋、素雞等。可備六道（即六齋）、十二道、二十四道、三十六道。  ▲菜碗	用於祭祀佛教神佛，如釋迦牟尼佛、觀世音菩薩、彌勒佛；或道教玉皇大帝、三官大帝時之頂桌。
春飯	前一晚煮的乾飯，稱「隔年飯」，或「春飯」。	「春」字和「剩」字閩南語發音相同，即表示有餘糧之意。所謂「年飯」就是「春飯」，在飯上會插上春花，在年初五後撤去。
長年菜	整株菠菜，在初一當夜，用清水煮熟即可，又名「隔年菜」。 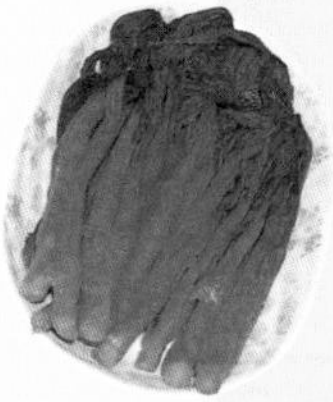 ▲長年菜	不去頭，取意「有頭有尾」；不加細切，取意「綿綿不斷」。

二、牲禮

名稱	內容	用途
五牲	全豬或豬頭尾（用豬頭需附豬尾，象徵全豬）、雞、鴨、魚、蝦（可用豬肚、豬肝）。※五牲的擺法：豬擺中間為「中牲」，雞鴨擺兩側為「邊牲」，魚蝦擺後面為「下牲」或「後牲」。	主要用於拜玉皇大帝、三官大帝等尊貴神明時的下桌供品；或用於婚喪祭典、還願……等，陰曆七月普渡用品。
四牲	一大條豬肉、全雞、全鴨（或鴨蛋）一味海鮮（如蝦、蟳、蝦捲、乾魷魚。）※四牲的擺法：豬肉、雞居中間，鴨和海鮮擺兩側。	可用於喜慶、歲時祭祀或神誕。因「四」為偶數，故喪事忌諱用四牲；又「四」在民間視同為「死」，故一般少用。

▲四牲

▲五牲

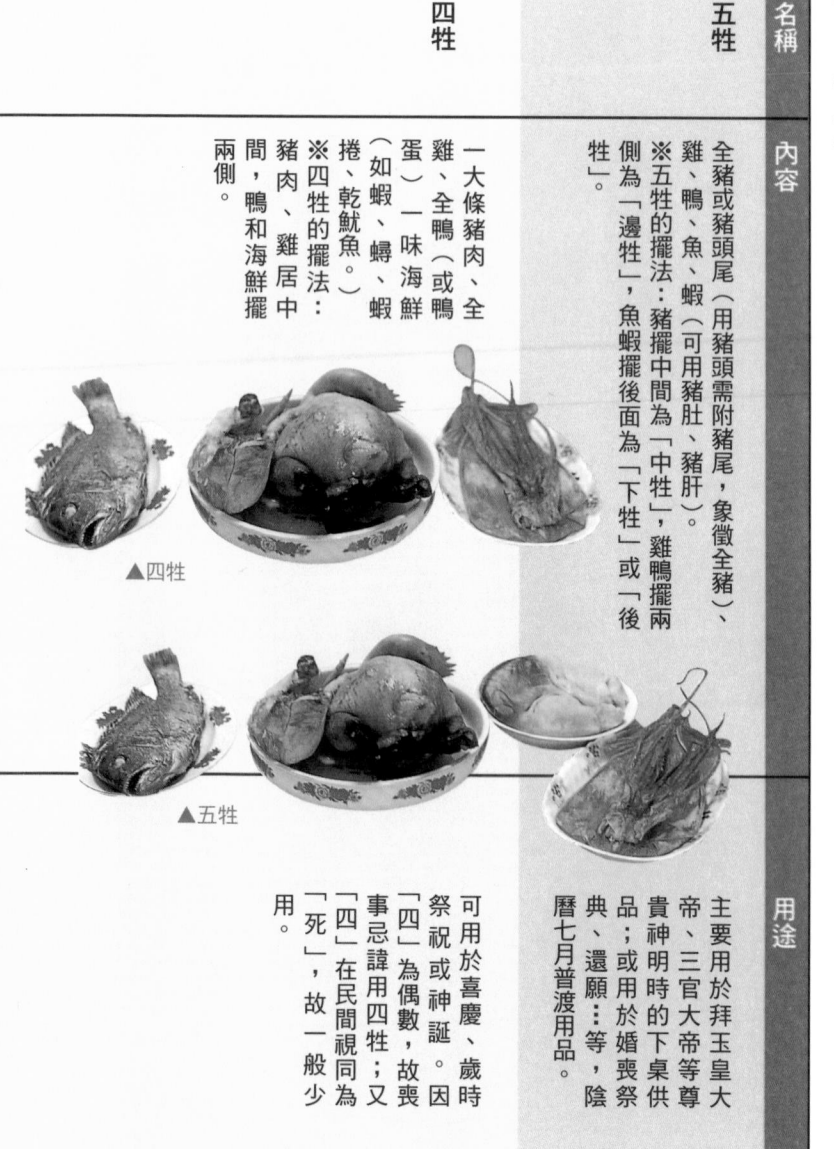

三牲	五牲中任選三種，通常為豬肉、全雞、全鴨（或魚），此即大三牲。※三牲的擺法：面對神明，豬肉為中牲，左雞、右魚。	用於祭拜一般神明，如媽祖、王爺、土地公等神誕及迎年過節祭祀祖先；或是新墓完工謝后土時。
小三牲	一小片豬肉、雞蛋、魚；或豬肉、麵干、豆干。	用於消災厄、謝外方（指遊方亡魂）、犒將、祭相公爺、喪禮路祭。

▲小三牲

三、粿（糕餅）

名稱	內容	用途
鼠麴	又稱鼠殼粿，糯米粿皮摻有鼠麴草，呈墨綠色或黑褐色；內包碎豬肉、蝦米、蘿蔔絲乾等。	祭祖、掃墓、中元普渡。
圈仔粿	又稱紅牽，類似紅龜粿，餡為甜綠豆；粿面印有古錢連貫紋路。	用於拜天公、拜三官大帝（上元、中元、下元）。
桃形粿	外表呈桃花狀的粿。	用於小兒做四月日時，分贈親友。
壽桃	麵粉為皮，紅豆沙為餡，製成桃狀，外皮染成紅色。	用於壽辰、神誕。
發粿	以在來米粿糰製作而成。	過年祭祝、祭神、祀祖、安神位等，表示發達、發展之意。
菜頭粿	在來米漿和煮爛的蘿蔔絲、蝦米、香菇等製成。	過年其他年節祭祀用。菜頭諧音「彩頭」取好彩頭。

▲鼠麴

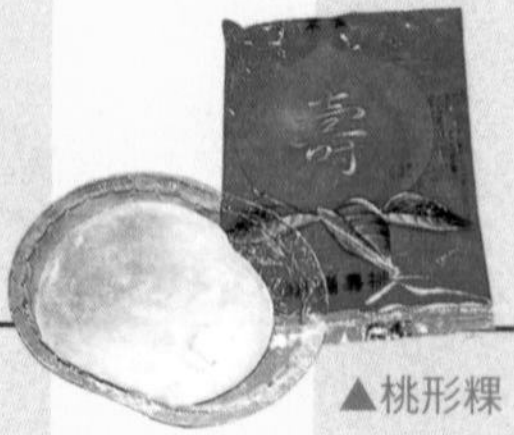

▲桃形粿

▲發粿

甜粿	糯米粿粉團中加上砂糖，造型多大而圓。	用於過年祭祀、神誕及喜慶。
芋粿	以芋頭和在來米合製而成。	用於中元普渡、或其他年節祀神。
丁仔粿	純糯米搓揉成小長條形，外表染紅，狀似男性生殖器。	用於清明祭祖。
龜粿	製作成烏龜形狀，依材料不同製作而成。	用於元宵乞龜、神誕祝壽乞龜。
看牲	紅片糕、糯米，加上染料搓揉製成各種樣式的珍異獸、山珍海味等。	用於普渡、建醮時觀賞用。

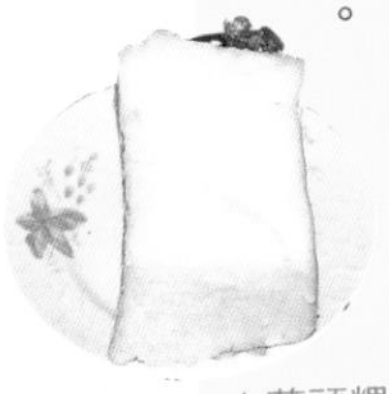
▲菜頭粿

▲龜粿

四、米、麵食、餅

名稱	內容	用途
春捲	以薄麵皮包裹著胡蘿蔔絲、豆芽菜、豆干絲、肉絲、香菜、花生粉等。	用於尾牙。
粽子	以竹葉包裹糯米飯，飯內包肉片、香菇、蝦米、鹹蛋黃、栗子等。	用於端午、上樑。
月餅	以厚麵粉皮，內包著各式餡料，如紅豆沙、綠豆沙、棗泥、蛋黃等製成的糕餅。	用於中秋節。

五、甜點

名稱	內容	用途
湯圓	以糯米糰搓揉製作。需紅色九個、白色三個，各三碗。	用於上元節、七娘媽生、半年節、冬至。
雞母狗仔	以糯米糰加上各染料，搓揉製成各種可愛動物。	用於冬至時。

▲湯圓

六、水果

名稱	內容	用途
五果	各種天然水果，如鳳梨、香蕉、蘋果、甘蔗、柑橘、芒果、龍眼、香瓜、哈蜜瓜、柚子等。用當季水果祭祀神叫四果，任選五樣為「五果」。	祭神、拜祖先，忌用蕃石榴、蕃茄、釋迦、李子⋯⋯等水果。「柑」、「橘」是春節不可或缺的祭品之一，「柑」和「甘」字同音，「橘」和「吉」字同音，都是取「吉利」之意。
招你來高昇	共五種，分別是香蕉、李子、梨子、糕餅、杏仁糖或杏仁餅。	這是迎神日不可缺之供品，祈祝工作順利、步步高昇。
招你來呷旺	共五種，分別是香蕉、李子、梨子、甘蔗、鳳梨。	這是迎神日不可缺之供品，祈祝帶來好運氣。

▲五果

▲招旺來，內有香蕉（招）、鳳梨（旺）、梨（來）

【供品的禁忌】

1. 忌用牛肉、狗肉祀神。
2. 忌用鰻魚、鱔魚祀神。
3. 忌用食用過的食物祀神。
4. 忌用苦瓜、冬瓜祀神。
5. 忌用蕃石榴（即芭樂）及蕃茄類等水果祀神。因為這兩種水果都有種籽，人體吃完後會排洩出來，只要種籽會排洩出來的水果都不可祭祀。
6. 不用「空心」的水果祭神。
7. 忌用單碗祀神。人們對於凶喪事有重單忌雙的心理剛好與喜慶事重雙忌單相反。由於祀神屬喜慶事，行事上理當重雙忌單，因此祀神時可用六碗、八碗、十碗、十二碗、十四碗不等，卻忌用七碗、九碗、十一碗、十三碗等。

祭拜必備金銀紙錢

金銀紙就彷如人間的各式錢幣，具有通行買路以及支付基本生活費用等需求的功能，由於國人認為不論是神明所屬的靈界或是人死後所屬的冥界，皆有使用錢幣作為日常生活的需求，因而針對不同的祭祀對象而準備相關的金紙（又稱為「財帛」，用於神明）、銀紙（用於祖先、鬼），或紙錢（用於神明或鬼）是有必要的。

金紙的種類很多種，俗稱像是「五色金」（天金、頂極金）、「大百壽金」（太極金、壽金、刈金、福金），或是「四色金」又稱「土地公金」（大百壽金、刈金、壽金、福金）。下面就一一介紹各式金銀紙錢與其用途。

一、金紙

名稱	內容	用途
頂極金 	是最高級的金紙，金箔上寫有紅色「叩答恩光」字樣。有九寸、尺一、尺二，三種規格「南部稱二刈、三刈、四刈」；金箔分為四寸、七寸見分。	祭拜玉皇大帝。
太極金（財子壽金） 	印有三尊財子壽神像，又稱為大百金壽金，金箔上寫有「祈求平安」字樣。有九寸、尺一、尺二，三種規格；金箔分為四寸、七寸見方。	祭拜玉皇大帝、三官大帝。
天金	寫著天金並繪有書卷圖案，約五寸四分，金箔為一寸五分。	祭拜玉皇大帝，平時可用於改運
尺金 	寫著尺金並有花草圖案，約五寸四方，金箔為一寸五分。	祭拜玉皇大帝，平時可用於改運。
盆金 	為一尺三見方，紙上釘滿針孔線樣。	祭祝玉皇大帝、謝神時用。
壽金 	約四寸九分乘四寸兩分，印有三尊財子壽神像，金箔上寫著「祈求平安」字樣。分大箔、小花壽金。	祭祀一般神明、祈求許願時。

名稱	尺寸	用途
刈金(四方金、土地公金、古板金、福金) 	北部約四寸九分乘四寸二分，分有大箔、小箔兩類，大箔為二寸四，金箔為八分四方。小箔為二寸四方，金箔為四分四方。而南部的尺寸較大。	祭祀福德正神、財寶神、地基主、諸神、祖先、門口好兄弟等。祖先須於去逝滿廿年後方可使用。
中金(中仔金)	尺寸為四寸二分或四寸九分，金箔為九分見方	用於「謝外方」，與山水野外有關的神明。
九金 	南部人常用的金紙，約四寸乘兩寸九分，上面或繪有橘色多角金星狀，或無此圖樣，但寫有福祿壽字樣，金紙兩旁印有九金。	用於一般神明、稿將、拜門口、拜祖等等。

二、銀紙

名稱	內容	用途
大銀 	四寸七分乘四寸，北部有大箔、小箔之分；南部則有大、中、小箔之分。	祭祀祖先、喪葬、陰鬼。
小銀（銀仔） 	三寸乘兩寸四分，北部有大箔、小箔之分；南部則有大、中、小透之分。	用於普渡、祭拜眾鬼時。

三、紙錢

名稱	內容	用途
金白錢 	五寸兩分乘兩寸一分長方形，有黃色和白（土灰）色兩種為一組，素面上有兩道鋸齒紋	用於眾神部將，也可當壓墓紙，或犒將時用。
庫錢	白色，為一尺五寸乘八寸大，上有打點線八十條，折為四折，三十張為一封，再用白紙包住，俗稱一萬元，多以十萬為一束。	納入棺木中，或焚化供死者清還向庫官支借的銀錢，並在冥界使用。百日內生魂繳白庫，百日後對年可燒紅庫。過五十八日算半神，故百日內除白庫，紅庫也可燒。

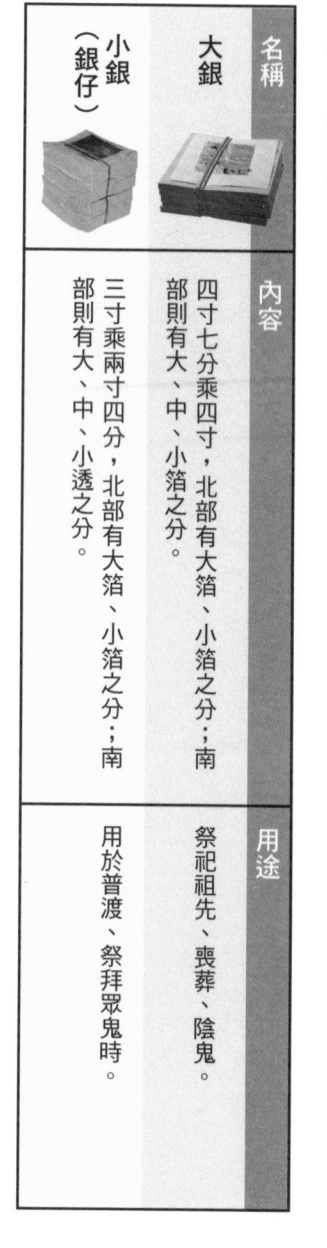

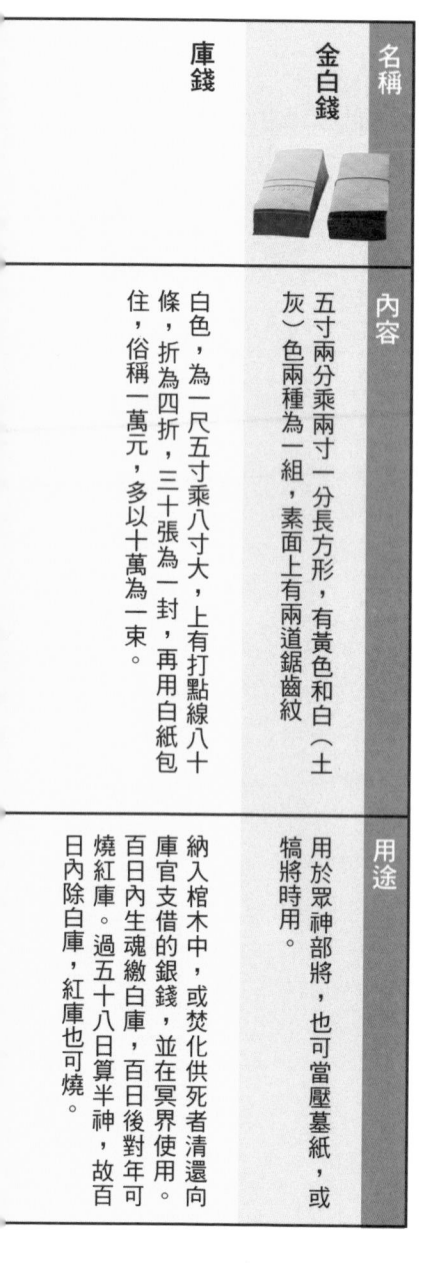

高錢		黃色，約一尺一寸乘五寸九分，內有六條長鋸齒紋，鋸齒紋又有十二齒、二十四齒、三十六齒之分。	高錢為拜玉皇大帝、三官大帝時掛於甘蔗上祭拜用。
五色紙		兩寸二分乘六寸二分長方形，有綠、紅、黃、白、粉紅五種顏色，大小不一，呈鋸齒狀。	用於壓墓紙。
床母衣（娘媽褸或鳥母衣）		紫色雲和花草紋，為衣料的代表；或是印有床公床母神像的紙錢。	祭祀床母、七娘媽、註生娘娘、十二婆姐時用。
經衣		為五寸一分乘兩寸一分，印有墨色的男女衣服、靴子、梳子、剪刀、扇子等器具。	凡拜門口祭祀好兄弟、或地基主時用。
改運真經（本命錢、補運錢）		為五寸兩分見方，印有「改運真經」及「陰陽本命」錢的黃底紅字。	凡運途不佳者，祭祀城隍爺、大眾爺、諸府王爺等，消災改禍所用。
替身	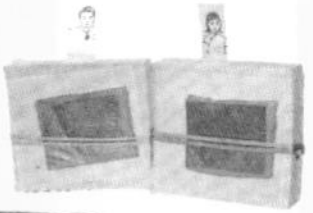	為一寸乘三寸五分，屬印繪的人形替身，有男性和女性之分。常配合印有改運真經和陰陽本命錢的紙錢一起使用。	用於祭鬼、祭改、改運。
甲馬		為五寸乘兩寸五分的長方形紙，黃底紅字，有盔甲、弓刀、長靴、或是神馬、馬天等圖案。	迎神、送神、犒賞天將、天兵。
往生錢		為黃色五寸見方的正方形紙，上印有紅字的往生神咒。多折成元寶狀或蓮花形。	用於喪事、佛教的祭拜。

祭拜的時間、次序與注意事項

祭拜時若用三跪九叩的方式，頗足以表示內心極致之誠敬，所謂三跪九叩，乃一跪三拜，三跪則九拜。跪時先出左腳，手背向上「代表陽」，拜時頭須觸地。至寺廟中拜神佛，若神案設備有多處時，則先拜天，亦即玉皇大帝，「一般廟宇中供祀天公，或在堂前中正處放一香爐，叫做天公爐」；再拜正廟之主神，接著拜諸神，通常廟中會公佈拜拜次序，以神格之高低為祭祀的次序。拜神貴在內心誠敬，因此入廟時未帶鮮花、素果及香燭，僅徒手合掌拜之，亦可表達虔誠之意。

【祭拜時的注意事項】

1. 忌不潔的人參加祀神

不潔指有月經的女子、孕婦、產婦、月內婦、未剃胎髮的嬰兒、帶孝者、大小便不洗手者、不忌房事者⋯等，皆不准參加祀神。

2. 忌祭祀時以手指指神明

手指指物有輕蔑之意。若以手指指神明，好似指著神明的鼻尖，將對神明構成不敬之罪。

3. 忌以手指觸及神像

神像為神明靈氣所在的象徵物，神像在如神明在。人以手指遙指神明已不行，何況用手指觸及神像，謂之大不敬之罪。

4. 忌未洗手就接觸神案上的法器

未洗手，即表示不潔，亦表示虔心不夠，不可接觸神案上的法器。所謂「法器」是指家庭神龕上所擺設的香爐、燭臺、花瓶、茶盞、杯等物。

5. 忌人跨越正在焚燒的紙錢，或燃燒紙錢的器具

民間傳說跨越別人燒的金銀紙，對神明及好兄弟非常不敬，如果跨越，恐有災難臨頭。

一般寺廟拜拜

假設到台北市成都路天后宮拜拜，廟中神明有玉皇大帝、媽祖、觀世音、註生娘娘、關聖帝君、文昌帝君、地藏王、福德正神、虎爺。廟裡拜拜一般人都會準備鮮花或水果、餅乾類及金紙。先把祭品放在供桌上，再點香。膜拜的順序如下：

1. 先站在天公爐前面，面向外，天公是指玉皇大帝，祂掌管人間禍福榮衰是一切神祇之首，故先拜玉皇大帝。拜時，雙手拿香，報姓名、生辰、住址及所祈求的事，講完後插香，一般人都三柱香一起插。
2. 走回主神媽祖前面跪拜，報姓名、生辰、住址…等等，再插一支香在香爐內。
3. 拜觀世音菩薩、註生娘娘，插一支香。
4. 關聖帝君、文昌帝君，插一支香。
5. 拜太歲，插一支香。
6. 地藏王，插一支香。
7. 福德正神、虎爺，插一支香。

8. 通常廟宇中，除了玉皇大帝爐插三支香，其餘各爐皆插一支香。

祭品 依個人慣例即可，若進佛寺廟就必須以素齋、素果、素餅為祭品。若是許願求筊者，必須按照所許之物還願。

紙錢 大太極、壽金、福金、四方金等。或至寺廟再到服務部購買。

時間 茶敬過三次，或香約過三分之二時燒金。

家中神明

先把祭品放到供桌上，再開始點香。這時祭拜的順序與禮儀如下：

1. 神前擺列牲饌祭品。（三牲、素果）
2. 燃點蠟燭。
3. 神前獻茶三杯。（或酒三杯）
4. 焚香。（三支線香）
5. 敬酌第一次酒。
6. 擲筊以問神明之降臨。

7. 神明既降，敬第二次酒。
8. 有祈禱於神明者，擲筊以問神明的意思。
9. 雙手捧持金紙與爆竹。
10. 焚燒金紙，燃放爆竹。
11. 敬第三次酒。
12. 擲筊，問神明是否餐畢。
13. 持酒潑灑金紙灰燼。

祭品

依個人慣例準備牲禮、敬果、餅品，或各種素齋，若準備牲禮另需備酒三杯，敬三次。

紙錢

大太極、壽生、壽金、福金、四方金等，數量依其心意決定，一般壽金要多加一些。

時間

酒敬過三次，或香約過三分之二時燒金，後收祭品。（正月初一，拜素食）過年過節時，家裡神明需每日早晚一或三炷香。

拜天公

每年農曆正月初九是玉皇大帝的生日，民間俗稱「天公生」。相傳玉皇大帝在天庭統領眾神，地位尊貴，祭祀儀式較為慎重。

祭品 依各人慣例或準備五齋（冬粉、金針、香菇、豆乾、木耳），牲禮大多準備三牲五禮，（酒三杯或五杯），另須紅龜、乾尺粿、發粿、紅圓、麵線、麻米姥、素果、青花…等，另加三杯清茶，燭一對。

紙錢 天金（頂極金）、尺金、大太極（大百壽金）、壽金、福金、刈金、四方金、高錢（燈座）。

時間 酒敬過三次，一香約過三分之二時燒金及點爆竹。（正月初一、正月初九、正月十五、十月十五）。

拜土地公

一般人拜初一、十五，生意人拜初二、十六，祈求生意興隆，錢財旺來。

祭品 二月初二及十二月十六日需準備牲禮，其他日準備水果即可。

紙錢 大太極、壽金、四方金、福金。

時間 一炷香過三分之二時燒金。

拜祖先（公媽）

人有三魂七魄，往生後，一魂在祖先牌位，一魂在墳墓，另一魂隨他而去。每逢佳節祭拜公媽，祈求公媽保佑，亦表慎終追遠。

祭品 依個人慣例另準備碗、筷、湯匙各七份（或依祖先人數）。口訣：「○氏祖先在上、祖公、祖媽、阿公、阿媽……，今日是何日何時，請皆回來用食」等，另有人習慣在燒金前擲筊請示滿意否。

紙錢 過年、七月十五日需備壽金、四方金、銀紙，其他節日以四方金、銀紙。

時間 一炷香過三分之二時擲筊燒金。（正月初一拜素食、正月十五、清明、五月五日、七月十五、九月九日、過年）

祭拜地基主

民間有拜地基主之俗，地基主即擁有此地之神。拜地基主，乃是祈求保佑家宅平安，因此，每逢年節，如過年、清明、端午、中元、重陽、下元、冬至等，皆須祭拜地基主。祭拜時，碗筷須擺設成雙，方表敬意，（指同時拜地基主、地基婆）

並以菜碗或牲禮等，於廚房中供祭，上香祈願時須朝內而拜，事後焚燒「四方金」、「銀紙」。拜地基主，通常於下午進行，因一般俗信，拜「天神」適宜午前，「陰神」則宜午後，此乃「先敬天、後敬地」之意。

祭品 可準備菜飯的五味碗類「亦即日常食用的雞肉、鴨肉、魚、豬肉、菜蔬」，以及米飯…等即可。

紙錢 可準備刈金、銀紙；也有的地方用刈金和經衣祭拜。

時間 下午三點鐘以後，一柱香燒過二分之一時，燒金。

拜床母

嬰兒從出生到七歲之間比較不好養育，民間傳說床母是保護幼母安眠好養育的神祇。在小孩子幼年不安多病時，可以常拜床母。

祭品 依慣例準備，大約雞酒或雞腿一碗，飯一碗。

紙錢 四方金、床母衣、刈金。

時間 燒金要快些，一炷香過五分之一時燒金。（正月十五、清明節、五月五日、七月十五、九月九日、過年）。

七娘媽

台南市開隆宮的七娘媽廟，每年農曆七月七日舉行拜七娘媽的儀式，有長輩帶著未滿十六歲的孩童，鑽過七娘媽亭的供桌，以示受到七娘媽庇佑。

祭品 雞酒七碗、米糕、胭脂粉。

紙錢 四方金、壽金。

時間 一炷香過三分之二燒金。（七月七日）。

掃墓

每年清明節是後人為先人整修墳墓的時候，如果祖墳上有塌陷代表子孫不安。

祭品 亡　人：十一碗、一雙筷、茶一杯、燭一對。

土地公：牲禮、發粿、紅（草）龜粿、甜粿、黑豆米糕、春捲、豆乾、燭一對、酒三杯、茶一杯。（龍神與土地公略同）。

紙錢 土地公：壽金、四方金、福金。

龍　神：壽金、四方金。

亡　人：銀紙、四方金、往生、古仔紙。

時間 一炷香過三分之二燒金

拜百姓公

百姓公在生前或死後都做了很多好事（如十八王公），老百姓為了紀念他們的功績，在各地方設有百姓公廟，供信眾祭祀。

祭品 三牲。

紙錢 更衣、銀紙、四方金、往生，若準備有牲禮需壽金與酒三杯。

時間 上香後馬上燒更衣，而後一炷香約過三分之二燒金。

普渡

每年農曆七月俗稱鬼節，從七月初一到七月三十日（普渡），祀拜孤魂滯魄，希望這批孤魂滯魄能早日投胎。

祭品 隨心意準備，切記不用麵線，罐頭之類盡量少用。

紙錢 壽金、四方金、福金、往生、經文紙、銀紙、庫錢、更衣。

時間 依誦經行事，上香後燒更衣，而後在祭品上繼續接香。燒金時庫錢與銀紙不可與其他金紙混在一起燒。

【常見的法會由來與祭祀禁忌】

1. 梁皇寶懺法會

相傳梁武帝夫人郗氏個性善妒，死後淪為巨蟒，一夜入後宮托夢給武帝，於是武帝請佛僧開慈悲道場懺法，祈求夫人脫離輪迴之苦，這是梁皇寶懺法會的由來，流傳至今成為一種十分普遍的懺業消災法會。

2. 新春祈安禮斗法會

玉皇大帝又稱「天公」，祂是萬物的創造者，也是眾神之神，掌管人的出生、養成與賞罰。正月初九是玉皇大帝的生日，俗稱「天公生」，通常有些寺廟會在正月初一至初九，辦新春祈安禮斗法會。

3. 解祭補運

每年春節一到，農曆正月初十起就有許多信眾紛紛到廟裡解祭。「解祭」的目的是為了消災解厄、遠離壞運。由廟方備妥小三牲、關銀、金銀紙、糕餅、福圓等供品，參加人虔誠祭拜，道士誦經並唱唸解祭疏文，祈求平安渡過這一年。一般會在前一年的農曆十二月開始登記。

4. 求功名法會

每逢考季時，民間習俗會以象徵聰明的「蔥」、好彩頭的「菜頭」，以及勤快的「芹菜」三種吉祥物來祈求考生順利通過考試，而各廟宇會於每年國曆五月、六月為考生舉行求功名法會，家中應屆考生的家長，帶著考生准考證和貼身衣物來參加法會，求功名法會時間會於廟內公佈。

5. 地藏法會

地藏王菩薩和觀世音菩薩，與我們有大因緣，地藏王菩薩更受佛陀的囑咐，於佛滅後彌勒成佛前，教化安立眾生，使眾生不致墮三惡道中，故地藏王菩薩不獨於人世間救渡眾生，更入地獄中救渡眾生。地藏王菩薩發誓弘願「地獄未空誓不成佛，眾生渡盡方證菩提」，若能參加本法會持誦「地藏菩薩本願經」，即能解脫三惡道報，現世衣食豐足、智慧增長。

6. 大悲懺法會

觀世音菩薩在佛教是代表佛的四種圓滿功德，那就是慈悲（大悲或大慈）、智慧（大智）、願力（大願）、修行（大行），也就是圓滿的慈悲、圓滿的智慧、圓滿的願力，和圓滿的大修行。觀世音菩薩，聞聲救苦救難的故事，人人耳熟能詳，為使眾生皆能離苦得樂，觀世音菩薩教人受持「大悲咒」，受持此咒，可滅除一切惡業重罪，遠離諸怖畏，並為眾多金剛護法神護佑，不被魔所擾亂，日日平安順適。「八關齋戒」是佛制一日一夜受持，以種出世善根的方便法門，在家佛弟子若不種出世之因，殊難獲出世之果，是故當習受。

7. 淨土懺法會

淨土法會是依據廣慈法師編輯的「願生武士寶懺儀規」而來，內容有誦阿彌陀經、持往生咒、懺悔發願，為修持淨業之無上法門。所以將淨土懺法會併入念佛共修中，使修行淨土行者，能增添往生淨土之資糧。

焚香、擲筊、求籤

自古以來，香就被視為是可以與神佛溝通之靈物，人民於祭祀時，焚香可藉其裊裊煙雲散發的香氣，上達神界，引領神明循香下凡，聽人們的祈求，達到與神佛溝通的境界。

目前市面上最常使用的香，大都是指線香。線香雖名為線，卻是用竹篾為心，外沾香粉製造而成，直徑約在零點二公分以上。

台灣地區常見的線香，分為黑、黃、紅三種顏色，其中黑色用在喪事、拜鬼，黃、紅二色則用在祀神祭祖及其他各種喜慶場所。長短從三尺五分到二尺二寸都有，二尺以下的是一般家庭常用來祭祀用的香，寺廟都用二尺以上的香。

香的品質中以水沉香為最上品，因為水沉香取得不易，而且水沉香需備有三個要件：

1. 木心堅實，投入水中即下沉，所以稱為沉香樹。

2. 沉香樹的材質很重，顏色呈青白色，味道非常芳香。當沉香樹腐朽或是遭到砍伐的時候，其中心木質會滲出黑色樹脂，這就是所謂的「沉香」，是香材中品質最上等的。

3. 木心與節堅固，色黑，能沉於水中稱沉香。

常見祭祀用香一覽

種類	說明
大香 	近年來，台灣開始流行大過長壽香數倍的大香，這類香小者如握拳大，大多在神明慶典廟會出現，每每搶盡風頭。
壽香 	壽香是用香粉壓製成壽字形的香，乃寺廟神誕或民間壽誕時專用的香。
盤香或環香 	盤香俗稱為環香，掛起來時外緣往下垂，是民間信仰中僅次於線香的常用香，在寺廟的中廳常見此香。環香和盤香的造形完全一樣，同樣為圓盤形的香，但環香較小，在供桌上使用，須用香柱為架，頂住環香內圈的頭，讓香的外圈自然下垂，點香則由外圈點燃。
排香 	排香顧名思義，乃指數枝成排的香，是一種由線香繁衍出來的香，大都用於正式祭典中，供主祭官上香之用，新婚夫婦祭祀時，也以排香來祭祖先。

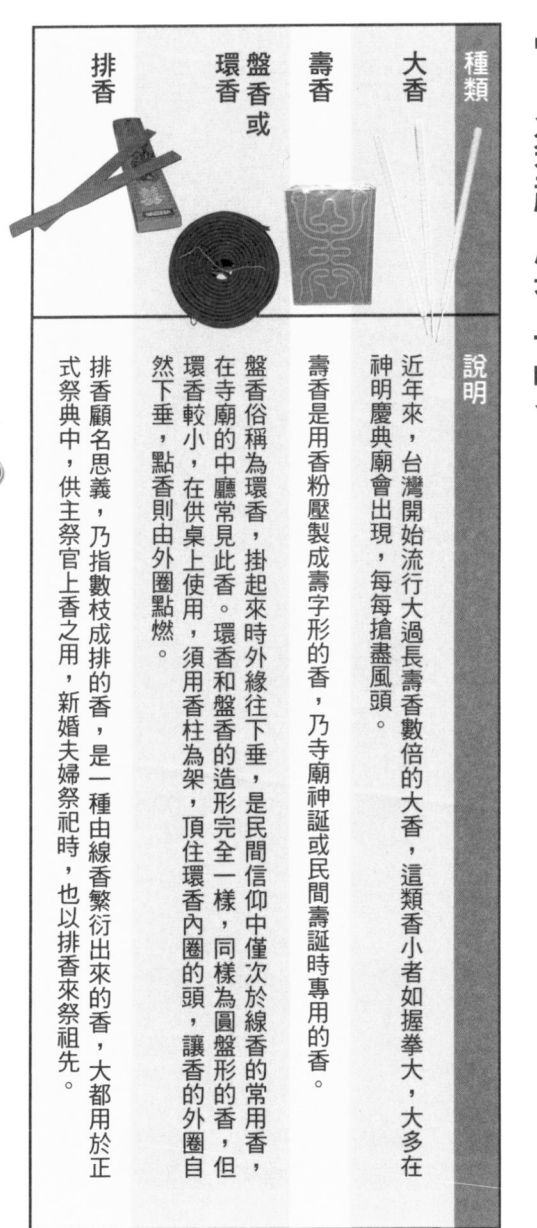

香的支數

焚香膜拜，源於道家，目前佛、道混淆，民間拜佛亦皆焚香，燃三香代表「尊三清」。三清，即上清、玉清、太清，為道家之三清境。又一說以元始天尊、道德天尊、表寶天尊，為三清，與佛尊三寶略同，香案有多處時，可多燃香，然仍以奇數為限（凡陽事皆用奇），不可用雙數，因「雙」屬陰，並與「喪」諧音，喪事或拜陰神時才用雙數。又插香時，不分男女，皆用左手插（因右手處理萬事視為不潔）。

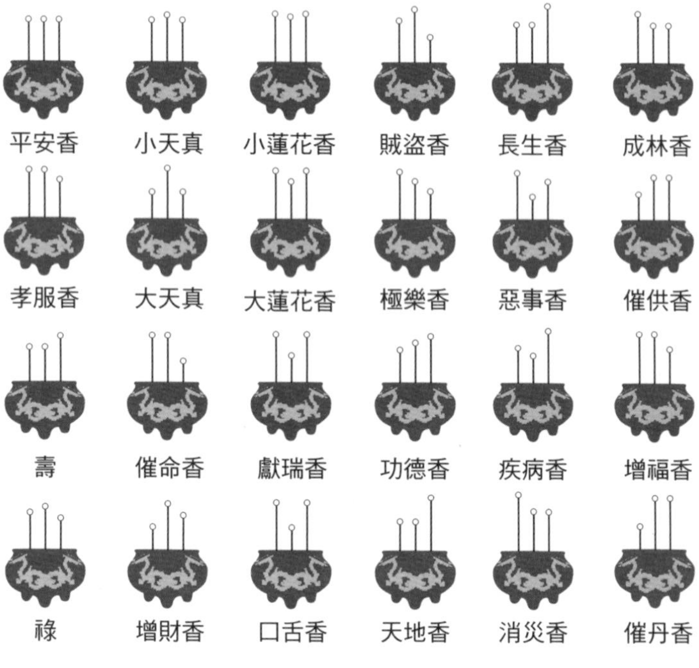

以上二十四種香的呈現法，凡聖佛仙神慶典，或消災求安，或遇疑難事時，必用好香三柱，選大小均等者焚之，先祈祝後，平排插於爐中，祭祀畢，約剩半炷香時，視三炷香長短，對照香譜說明，吉凶必現譜中，其驗靈應如神。

擲筊

所謂「筊」俗稱「杯」，就是用樹根或竹根，作為彎月形狀，有正反兩具，外突內平，內稱為陰，外稱為陽；經常擺在神佛的供桌上，專為信徒在神前指示吉凶禍福之用。信徒須先向神佛燃點香燭拜拜，然後稟明擲筊的因由，再拿起神桌上的筊經雙手合掌參拜，後巡繞香爐的香煙一或三次，接著把筊投在地上，一正一反為聖筊，俗稱「卜有杯」表示神明許諾可以；兩個反（陰）面為「怒筊」，表示神明的怒斥，俗稱「卜無杯」，表示凶多吉少；二個

▲虔敬擲筊，以求神明指示

都是陽面（正面），表示神佛不知你在問什麼，俗稱「笑筊」，宜再詳加稟告所求何事、自己住在何處、何年何月何日生，告解完後再繼續擲筊，直到「聖筊」出現。

籤詩

籤詩是以詩為籤語之稱謂，也是人與神靈交通的工具媒介，求籤的人可從詩中獲知吉凶。籤是以竹子製成，放在竹筒或木筒內，置於神案上。每一竹籤刻記號數，另印百籤詩之紙片，其編號與籤盒，集掛於廟壁。抽籤的方法是到寺廟中，先在神靈前燒香點燭，行跪拜禮，向神靈說明自己身世與求籤目的；如「弟子〇〇〇，住〇〇〇，茲因〇〇（事），倘能得到〇〇（神靈）的垂愛，請指示弟子一條明路，並保佑平安無事順利成功，弟子將用〇〇供品來答謝神佛神恩。」完後，用雙手捧起籤筒，面向神靈搖出籤筒內最高的一支籤，或先跳出筒外的一支籤，將它放在神案上再擲筊，若得不到聖筊，則重新許願，直到得到聖筊為止。然後依籤號取得籤詩。籤詩可分一般籤詩和藥籤，藥籤是經由神諭為病人開的藥方。民間關心的主要是功名（事業）、求財、婚姻、求子、疾病、失物、出行等等。籤詩取得代表神佛招引，曾經有一位少女在台灣求得的籤詩與五天後在澳門所求得的籤詩內容皆相同：「知君得位真高顯，前途富貴實安然；若遇一輪明月照，十五團圓月滿天。」相問之下才知道，此女子祈求婚緣，是否與某君能結為連理，最後答案是分手，因為她求籤之日，一個是月底，一個是月初，何來月圓。

▲掛於廟壁的籤盒

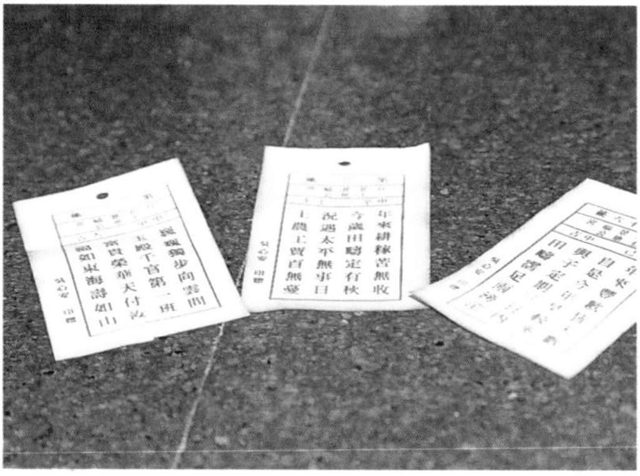
▲籤詩

貳

逢節祭祀，增福造運

◎農曆正月◆迎新送窮，開財門

◎農曆二月◆引錢龍，求姻緣

◎農曆三月◆媽祖出巡，清明掃墓

◎農曆四月◆浴佛節，放生改運

◎農曆五月◆端陽避邪，迎巨福

◎農曆六月◆赤日炎炎好曬霉

◎農曆七月◆慶讚中元，普渡孤幽

◎農曆八月◆拜月、賞月、走月亮、摸秋、催婚緣

◎農曆九月◆重陽節，登高敬老

◎農曆十月◆送寒衣，表孝心

◎農曆十一月◆祭冬添歲，吃湯圓

◎農曆十二月◆臘月、送神、忙年

農曆正月──迎新送窮，開財門

正月初一──出行迎吉

元旦黎明，家家都早起，沐浴更衣，穿戴整齊，開廳門（又稱「開正」），按輩份、長幼，依序祭拜祖先，恭迎新年。一般人多選擇子時至辰時開門，開門時需放爆竹三響，取其「高陞三級」之意；炮竹在屋內引心點燃後，向屋外的吉方丟擲，同時說一句「開財門、開財門，財源廣進」，然後再往「吉方出行」。

擇日學書（象吉通書、鰲頭通書）中記載，大年初一出行宜往天德、月德、天德合、月德合所在吉方，元旦從此方出行大吉；並忌鶴神遊占之處，更忌截路空亡時、旬中空亡時、忌五不遇時。出行時謂之「遊春」或「走春」（行春、進香），到各寺廟拜拜，祈求今年闔家平安、事業順利、婚姻早現等。但要注意避免遇到尼姑和尚，以免新的一年百事不利。

◆民國九十三到一〇〇年元旦出行吉時、吉方一覽

年	日	時	方向
93年（西元2004年）	庚子日（1月22日）	5—7點	宜往西北、正北
94年（西元2005年）	甲子日（2月9日）	5—7點	宜往正南
95年（西元2006年）	戊午日（1月29日）	11—12點	宜往正西
96年（西元2007年）	癸未日（2月18日）	9—11點	宜往西北、正南、正北、東南
97年（西元2008年）	丁丑日（2月7日）	9—11點	宜往正北、西南、西北
98年（西元2009年）	辛未日（1月26日）	5—7點	宜往正西、正東、西北
99年（西元2010年）	乙未日（2月14日）	9—11點	宜往西北
100年（西元2011年）	巳丑日（2月3日）	5—7點	宜往正西、正東、東北、西南方

【大年初一應避免的禁忌】

一元復始，萬象更新，新的開始，國人講究在此時博個好采頭，以求新的一年順遂平安，故而在正月時有許多禁忌，像是正月時忌結婚，俗語謂「正不娶，臘不訂。」正月結婚可能不會白頭偕老；此外，正月亦忌空房，故新婚少婦不得在外留宿等，以下簡單介紹初一元旦當天應避免的忌諱。

1. 忌掃地、丟棄垃圾與往屋外潑水

相傳家裡都藏有福氣財運，打掃時必須由屋外掃至屋內代表財不外流，且晚間忌丟垃圾。既然平常時就如此講究，更何況新年這一天？這不外乎基於「掃除」與「丟棄」這兩個動作，都意味「外流」，若家裡暗藏的福氣財運「外流」出去的話，豈不是今年「破財」之兆，不可行之。

2. 忌殺生

民間習俗初一早上，禁止殺生。殺必見血，血災為不祥；若殺雞宰鴨，又得動刀，刀為凶器，代表家中人事不安。宜吃些素菜，或除夕夜吃剩的菜，不另煮葷肉。

3. 忌吃稀飯

自古農作物一年收成一次，富貴人家有乾飯吃，稀飯為較貧窮人家的吃食，但到了新年第一天，貧窮人無論如何都要設法吃一頓乾飯，以求未來一整年天天都有乾飯可吃。亦有傳說，初一當天若吃稀飯，外出時就會遭雨淋。

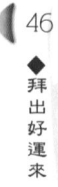

4. 忌吃甜粿

甜粿即年糕，民間傳說初一不准吃，初二起始能吃，講究的人家要過完元宵才能吃。這是由於在灶腳（廚房）鍋裡煎甜粿，會發出吱吱的不吉之聲，且煎焦的台語叫「煎赤」，「煎赤」易令人聯想到「貧赤」。

5. 忌吃蕃薯

在早期台灣稻米產量不敷人口吃食，當時貧窮人家不是吃稀飯，就是吃加了蕃薯籤的蕃薯飯，用蕃薯彌補稻米的不足。元旦日既然凡事講究吉利，自然避忌吃蕃薯了，祈禱來年富裕之意。

6. 忌吃藥

吃藥的目的在去疾治病，但是大年初一為討好采頭，少吃藥以祈求來年早日康復；如果非得吃藥，也要把藥包藏在紅包內。

7. 忌午睡

中國的傳統觀念認為，一個人富裕，必須是認真工作而賺來的財富，新的一年中，初一這一天代表萬事開始，在此時，應勤奮做事，不應貪圖休息逸樂，故忌午睡。

8. 忌打小孩

民間習俗在初一當天禁止打小孩，因為通常小孩子只有在不乖時才會挨打，若初一即打小孩，會動到棍棒，代表未來一整年家中不安，子女也不乖巧。

9. 忌啼哭

平常家庭多是一家和樂，笑嘻嘻，很少聽到哭啼聲，若新年第一天即聽到哭啼聲，往往不是個好兆頭，代表未來這一年家中成員易有不順，或災禍降臨。

10. 忌打破器物

在新年初一打破器物，如碗、盤、碟、匙、杯等，在人們的觀感中，這意味著「破災」，恐該年會有「破運」，不是人破、家破，就是財破。若不小心真的摔破器物，為除去心頭這一層陰影，就會用紅紙將器物的碎片包起來，口誦吉句，如碎碎（歲歲）平安，以求化解。等初五之後，再拿出屋外丟棄。

11. 忌給人錢財

給人錢財，不論借出、歸還，或贈送他人，都是支出，不是好的兆頭，恐怕這年錢財會經常「外流」，終至窮凶。

12. 忌罵人、打架

春節一切都講究吉利，不可與人爭吵，如果與人爭執，代表今年家庭、事業皆不順；與人打架意籲今年有血光及牢獄之災。

13. 元旦當日煮餃子時，如果餃皮破裂，忌說「破了」，而要說「掙了」。

正月初二—回門（娘家）做客

新嫁娘回娘家探親，稱曰：「做客」，亦稱「回門」，即歸寧。歸寧時隨帶的禮品，謂之「伴手」。娘家若有幼童，需另送紅包；女兒若有孩兒，娘家則回送雞腿，中午家人一起吃團圓飯，聊天敘舊後，約在下午三時以後即可離開娘家。若是新婚的夫婦，娘家需準備二枝「掛尾蔗」，及二隻「帶路雞」，給女兒和女婿帶回家種植與飼養。

所謂「掛尾蔗」，就是甘蔗，前有蔗葉，後有蔗頭莖，用紅帶子將兩枝甘蔗綁住，以祝福女兒、女婿同甘共苦、永浴愛河、白頭偕老。兩隻「帶路雞」必須是活的，表示希望女兒及女婿，能夠像雞一般多子多孫。

▲帶路雞

正月初三─赤狗日

除了清明時節，初三也有祀祖掃墓之俗。《中華全國風俗誌》中記載山東、河南地區有此習俗，並有：「正月初三日祀祖先、掃祖墓。」之語，此與客家習俗正月掃墓相同。

正月初四─接神納福

傳說每年的十二月二十四日民間眾神回到了天庭奏報玉皇大帝民間的事，直至大年初四日再由天庭返回人間。民間家家以牲禮（雞、魚、豬肉）或是三種水果供奉在廳內神像之前，焚香、燒金紙甲馬，並燃放爆竹，以迎接上天奏報回到陽間的眾神。

又俗稱：「送神早，接神遲」，所以送神應在十二月二十四日黎明之前，反之接神祭儀須於下午三點以後才舉行，當天最好能下雨，代表五穀豐收。

正月初五—開張大吉，送窮迎財

多數生意人認為初五是最佳的開張日，會在當天擇吉時焚香祀財神開張，祈求該年生意興隆。

一般的商賈人家，以前喜歡在正月五日的開市日，前往土地公廟，例如台北縣中和市最有名的「烘爐地」供奉土地公，土地公爐中有一個盤子，內有硬幣提供。不論是商賈或一般人家，都可以向財神求借「元寶」或「橘子」，求取錢和吉利。不過，求借的人，必須齋戒沐浴、備妥牲禮，以示誠實經商之意，祈求者可以許願在發財後，第二年必將以倍數的元寶酬神。

初五亦稱「破五」，因為初一至初四有諸多禁忌過了此日可破，供桌上的供品可取下來，當天也可倒垃圾、掃地。趁著可以開始丟棄垃圾，也可藉著此時，用紙剪一個窮媳婦並讓她背個裝了垃圾的紙袋送出門外，謂之「送窮」。此外，初五清晨應打井水、泉水注入家裡甕中，稱「填窮」，當然當天一定要有送窮的動作後才能得富。

【台灣民間所祀財神】

台灣民間所祀財神甚多，一般來說財神爺有文武之分，文財神又稱「增福財神」、「財帛星君」。穿紅袍，戴棉貂，手持「天官賜福」詔書。

民間傳說，殷商時代的忠臣比干，因被妲己所害，紂王借比干之「心、肝」為藥，以便救治妲己，致使比干被取「心肝」後而亡，因受民間敬重其忠，被祀為「財神」，即所謂的「文財神」。其造型為白面長鬚，身著紅袍玉帶，眉目清秀，手執如意，為富貴安泰之像。

武財神則是玄壇帥趙公明，臉色烏黑、頭戴倒纓盔、穿烏油甲，手持竹節鋼鞭，跨下騎著一隻大黑虎。

趙公明原是南北朝道書中所說的瘟神、冥神，後來成為張天師煉丹爐的守護神，直至明代小說（封神榜）正式將他確立為財神，稱為正一龍虎玄壇真君，下轄招寶天尊、納珍天尊、招財使者和利市仙官。

除了趙公明之外的財神，北方有「五顯通」（亦稱五哥），就是所謂的「五通神」，亦叫「五聖」、「五路神」，或「五路將軍」。

關公也被奉為財神。因為關公長於算數，商家們做生意又重信義，因此也出現不少關公居中，文武財神侍後，前面擱著聚寶盆的財神圖像。

正月初七—剪綵戴勝

正月初七稱為「人日」也叫「人七（日）」、「人慶（日）」，唐朝時還叫「人勝節」。「勝」是婦女的一種首飾，人日的主要節俗活動大多在體現重視人的觀念，因此當日婦女會將「人勝」剪刻成人的形象，戴在鬢邊或用來送人。

正月初八—祭星、放天燈

傳說這天是諸星下界的日子，所以有祭星之俗。祭星也叫「迎順星」、「接星」，除了一般人家的焚香禮拜外，寺院道觀也多在這一天設壇祭星，燈數一〇八盞，也有用四十九盞。當天凌晨放天燈效果為佳。

清道光十年刻本《大同縣誌》亦記當地此俗：「初八日，俗喚『八仙日』。是日，順禳星辰。」

除祭星之外，有些地區還有祭星連帶祈歲之俗，《懷來縣誌》云：「初八夜，用小磁燈十二盞祭星（遇閏則加一盞），以祈歲。」

正月初九—拜天公

正月初九是玉皇大帝的聖誕（民間俗稱「天公生」），當日必須祭拜天公。初九當天，禁止家人曬衣服，尤其是女褲，或倒垃圾，以示對玉皇大帝的尊敬。祭品一定要用公雞，不能用母雞。拜天公前夕全家須齋戒沐浴，依長幼順序上香，行三跪九叩禮；當祭拜完成，焚燒天公金，接著燃響鞭炮，至此拜天公的儀式完成。尤於拜天公的時間、地點、供桌與供品十分講究，故詳列如下：

一、時間

一般選在正月初八（初九前夕）晚上十一時開始，至翌日清晨七時前。傳說人間第一炷清香上達天庭者，將受玉皇大帝特別眷顧，因此大家都希望「插頭香」。

二、地點

有兩類，一是在家中正廳吊有天公爐的地方，將供桌設在大公爐下；也可以將供桌設在前門口或中庭向天的方向，表示向天恭迎天公駕臨。

三、供桌與供品

供桌分「頂桌」和「下桌」。頂桌上供五果、六齋等。相傳玉帝茹齋不葷，因此頂桌供品為素食。下桌，則擺三牲五禮，以祭拜玉皇大帝的左右侍從。

▲玉皇大帝

【拜天公習俗、儀式之典故】

為什麼拜天公（玉皇大帝）的儀式如此慎重？俗諺云：「天上天公生，地下母舅公」，在百姓心目中，天公是萬物主宰，是三清化身太極界的第一位尊神，居住在玉清宮，上掌三十六天，下轄七十二地，總樞百神及人間生靈；也有另一說，天公是三官大帝中的「天官」，執掌賜福，百姓深信天公地位至為尊貴，無「相」足以顯示，不敢隨意雕塑其神像，而以「天公爐」或「天公座」來象徵。一般廟宇中都有一座大公爐置於廟前，祭拜時先向外朝天膜拜，然後才開始祭拜廟中其他神祇。到宋朝真宗時，開始為天公塑像，真宗視其為自家祖先，封其為「玉皇」。

中國人是多族群的民族，不但閩南人拜天公，客家人與原住民也有。以客家人祭天的儀式而言，安置天公神位的地方，除了專設有「玉皇大帝廟」祭祀外，一般的土地公廟都設有天公爐，墳墓與祠堂的前面也設有天神爺的香位，或在客廳正門前的庭院或禾埕擺上香案，作為祭拜天神之所。客家人祭天，除正月初九天公生外，正月十二是客家人特有天穿日，拜天公儀式隆重。

台灣原住民也有拜天公儀式，以卑南族來說，祭天儀式在每年七月，與族裡面的小米收穫祭一同舉行。據知本部落長老敘述，以前族人以小米維生，有兩年接連蝗災，將正在結穗的小米吃得精光，族人們三餐不繼，於是由祭司帶領大家向老天祈福，那一年的小米果然大豐收。於是後世族人每逢收穫祭時，便習慣在堆放小米的地點舉行向上天感恩的儀式；近百年來，部落習俗漸漸轉變或消失，但是小米收穫祭中的祭天儀式依然流傳下來，並成為知本部落的一項文化特色。

正月十五—提燈鬧元宵

元宵節是我國傳統節日中的大節，因其節俗活動在一年中第一個月（元）的十五日夜（宵）舉行而得「元宵節」之名。元宵節亦稱「上元節」，道教有所謂「三元」神，即上元天官、中元地官、下元水官，這三官神的誕辰分別在正月十五、七月十五，與十月十五，因此這三個日子就分別叫上元、中元、下元。此外，本日也叫「燈節」、「燈夕」，因為這個節日的主要活動是夜晚放燈。

相傳神明喜化為凡人，喜在人群中遊玩，因此元宵節愈熱鬧的地方，愈有喜氣，天官愈會出現為人們帶來好運。當天若到寺廟摸正陽門的大門釘，或高掛於行人道上的天燈，婦女宜生男、男士宜升官、學生則利考試。

關於元宵節俗的形成，歷史載於漢武帝時，由於漢室要祭祀一位叫「太一」（太一也叫「泰一」、「泰乙」、「太乙」）的神明。據稱「太一」早在戰國時期即被人們奉祀，是當時相當顯赫的一位神明，地位在五帝之上，並有恩於漢武帝，所以受到的奉祀比較隆盛。

元宵節當日的活動甚多，詳列如下：

一、夜晚放燈

《帝京歲時紀勝》提到所謂「正燈」，這是一種關於燈期的說法。舊時燈節連續張燈數日，一般正月十五日叫「正燈」，最初張燈的那天叫「試燈」，最末一天叫「殘燈」、「闌燈」。又有神燈、人燈、鬼燈之說，十四夜，謂之『神燈』；十五夜，謂之『人燈』；十六夜，謂之『鬼燈』。神燈放於家中神明廳；人燈放於門窗外可以避邪；鬼燈放於丘墓、原野，遊魂得燈可以脫離鬼域。

二、食元宵

元宵節吃元宵。食品的「元宵」和「節日」同名，乃因諧音而來；在南方則叫「湯圓」、「水圓」。元宵節吃元宵，取意在於闔家團圓、和睦，表示在新的一年裡幸福康樂的心願；而送親朋元宵，則是藉以表示百事順遂圓滿的祝願。

三、偷蔥

十五夜，未出嫁的姑娘，到鄰舍菜園偷蔥、蒜、菜；據傳說，只要偷得蔥則聰明伶俐，偷得蒜則能嫁好夫婿。蔥菜台語音略同於「尪婿（夫婿）」。即「偷好蔥，嫁好尪；偷好菜，嫁好婿」。

四、聽香

亦屬婦女之事，行事之先，先至所設神祇前焚香、跪拜、祝禱，祈求婚緣早現，出了寺廟返家途中，密聽路上行人所說的話，依照其入耳的第一句話，再擲筊以卜好壞，即俗語說的「聽香卜佳婿」。婦女前往寺廟參拜，來回不可走同條路。

五、走百病

走橋一般在正月十五或正月十六日進行，《大同府誌》云：「俗傳是日出門，一年可免百病」，故此日亦有「走百病」、「除百病」、「散百病」、「烤百病」的習俗。其中「走」的參與者是婦女，帶頭的一人舉香開道，其他人尾隨其後。而「烤百病」則是於當日夜晚，擺一堆小火，孩子先跳，大人隨後；男性起左腳，女性起右腳，不能行走奔跑的幼兒也要象徵性地烤一下。北京地區的走橋方式是，「凡有橋處，三五相率以，謂之度厄」；而江蘇的走橋方式則是，「十六日落燈，夜靜婦女出遊，攜瓦罐，拋棄於橋樑之畔，以禳災云」。

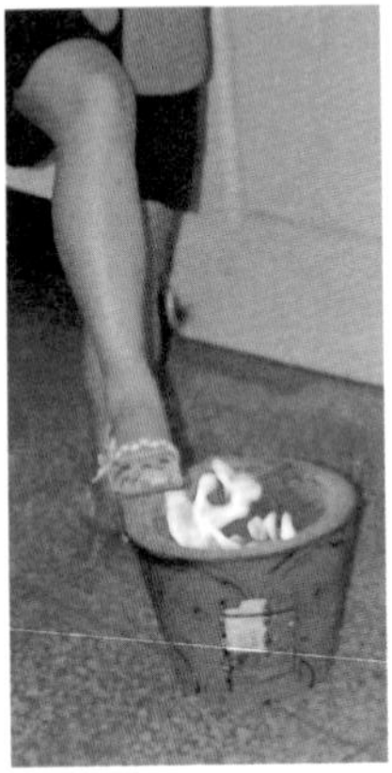
▲過火盆

農曆二月—引錢龍，求姻緣

二月初二—龍抬頭，祈富貴、求婚姻

農曆的二月初二和八月十五日，是土地公的兩個重要聖誕千秋日。習俗上每月的初二、十六皆是作牙的日子，也是祭拜土地公的日子，二月初二稱為「頭牙」，十二月十六日則稱為「尾牙」。土地公又稱「后土」、「福德正神」，民間崇奉土地公應與古代社稷神的祭祀有關，人們依賴土地為居住所，亦由土地所生長的穀物維生，人們為了感謝土地神賜予農作的豐收，擴及到生意的興隆，故而被視為財神的土地公，也成為民眾每月兩回頻繁祭祀祈福的重要對象。當日祭祀祈福的方式與相關活動詳列如下：

一、引錢龍

俗話說：「頭牙早，尾牙晚」，頭牙祭祀的時間會選在二月初二的早上，該日有兩種方法可祈福、求貴。

第一種方法「引錢龍」，又名「引龍回」，也稱「龍抬頭」。其作法是在清晨五更時，將家中灶灰（如果沒有灶灰，可用石灰或米糠）在戶外水井周圍撒一圈（若沒有水井，則在有水之處，或門外亦可），然後像龍一般將灰彎彎曲曲蜿蜒撒入屋內、灶腳（瓦斯爐下），最後在水缸（水龍頭）處旋繞一圈而止。相傳如此可以賺大錢、招財福，不管男女，今天都不可以掃地，以免掃掉財福；不可以動針線，避免傷了龍目。

另一密傳的「引龍錢」法，則是在內有魚圖案的圓形容器（爐鼎、杯碗、圓形盤子內有魚的圖案）中，預先放置古乾隆（錢龍）通寶十二枚或五十枚的硬幣（新的），以及七或十二個寶石，然後到住家附近的土地公廟、金融機構汲取水，並將其放置在「財位方」或金櫃、錢櫃上，往往有招財之妙效。

▲魚圖案的圓形容器，與古乾隆通寶硬幣

第二種方法是二月初二（土地公生日）及八月十五日將福德符帶至土地公廟過香火，並向土地公祈求財運，然後將福德符置於存摺、金庫、珠寶箱內招財用（每個人只能求一張福德符）。

二、財水

求財法門中，水由於方便取用，因此應用性最廣。例如二月二日土地公生日的「龍抬頭日」，當天引用之水，財氣旺易留住錢財。「引新水」，即過「子正」的水，也就是半夜十二點過後的第一道水。佛、道兩家的觀念中，半夜十二點到中午十二點前，為陽時，有生生不息之意；而道家則利用陽時來造吉開運。

夜正十二點過後的第一道水，最好是源源不絕的活水，表示氣旺，祈求的錢財也能跟水源一樣，綿延不斷，因此若新水是會自然噴出的「出泉水」最佳；其次是可以源源長流，沒有盡頭，沒有污染的「長流水」。另外，在吉祥日所集來自於天上的雨露之水（天財），家裡有供奉財神或神明時，若能每天更換這種新水，利用接天水（天財）的能量供奉信仰的神明，效力加倍。

三、求婚姻

未婚女子若想要意中人早現，可以用五種色彩（即青、紅、白、黃和黑）的線或布黏結在一起，並在自己最喜歡的花上打結，記住要依自己的年齡，一歲打一個結，二十歲打二十個結，此方式稱為「掛紅」，而掛紅到端午節前就要拆除。並在今年度於臥房內放三枝香水百合，一直到年底，可讓意中人早現。

【祭拜時，需準備的供品、金銀紙與時間】

1. 供品

作頭牙拜土地公的供品可備牲禮（三牲）、素果，此外，應節的供品是「春捲」（潤餅），以潤餅皮包豆芽菜、紅蘿蔔、豆乾絲、肉絲、香菜，再裹上花生粉等。拜地基主時，則準備五味碗。由於時代進步，飲食物資條件優於昔日，亦有人不再準備牲禮，而改以豐盛的水果、餅乾、飲料等來祭拜土地公。

2. 金銀紙

拜土地公主要用福金（土地公金）、壽金、刈金和鞭炮，最後鳴炮以示慶祝。拜地基主時則準備刈金、銀紙。

3. 祭拜時間

俗語說「頭牙沒作，尾牙空；尾牙那擱沒作，就不親像人」，意思是說做生意的人，頭牙若沒作的話，到了年尾的尾牙，錢財會空空如也，土地財神便不會特別庇佑。當天家中如有供奉土地公，可在家中祭祀，沒有供奉土地公，到廟宇祭拜。

◆二月初二拜拜及引錢龍吉時

年·月·日	日	時間			
93年2月21日	庚午日	凌晨0-3	早上5-7	中午11-13	下午15-19
94年3月11日	甲午日	凌晨0-3	早上5-7	中午11-13	下午15-19
95年3月1日	巳丑日	凌晨3-7	早上9-11	中午15-17	下午19-23
96年3月20日	癸丑日	凌晨3-7	早上9-11	中午15-17	下午19-23
97年3月9日	戊申日	凌晨0-3	早上7-11	中午13-15	下午19-21
98年2月26日	壬寅日	凌晨0-3	早上7-11	中午13-15	下午19-21
99年3月17日	丙寅日	凌晨0-3	早上7-11	中午13-15	下午19-21
100年3月6日	庚申日	凌晨0-3	早上7-11	中午13-15	下午19-21

二月初三—文昌帝君誕辰

「十年寒窗無人問，一舉成名天下知」，自古中國人很看重功名，為了攀貴求富，自幼到大，經歷過各場大小考試，如何讓考運順利，登上金榜題名。而運用天時、地利、陽宅、奇門遁甲，祈求文昌神的療佑，能為考運帶來金榜題名的機會！

傳言川蜀有個舉人，一次到了劍門張亞子廟，夜半夢見神明托夢，來年中狀元，後來此人因其靈驗，而祀之為文昌君。記載中台灣有五文昌神，包括有：仙公「呂洞賓」、關公、朱熹（朱衣人）、文昌帝君（梓潼帝君）、魁星爺等。

陰曆二月三日，相傳是文昌君聖誕。學生、文人利用此日到文昌廟祭祀，祈求考運、官運如意。而一般人祭祀文昌君時，除了花、果獻品外，也會帶象徵吉祥的蔥（聰）、芹菜（勤）、蒜（算）、桂花（貴）以討個好采頭。或買原子筆、2B鉛筆去拜拜。攜帶拜過的筆去應試，則「必（筆）」中！

農曆三月—媽祖出巡，清明掃墓

媽祖出巡，元宵節擲筊定日期

農曆三月份，在台灣民間有一件十分重要的事，那就是媽祖出巡繞境。大甲媽祖繞境進香活動，一年比一年更熱鬧，每年都有電視台實況轉播，在元宵節當天請出進香媽（湄洲媽、正爐媽、副爐媽）奉置於正殿神桌上，供信徒膜拜，並舉行擲筊儀式，請示媽祖起駕日期、時辰（用擲筊請示），公佈於媒體。

康熙三十三年（西元一六九四年）三月十九日，樹璧和尚從湄州朝天閣迎請媽祖聖像來台，當時在笨港登陸，經由媽祖指示，要永駐笨港，當地居民十分歡喜，興建小廟奉祀媽祖，並請樹璧和尚擔任主持。康熙三十九年（西元一七〇〇年）由當地仕紳、商人、百姓共同捐地，合力增建。光緒二十年十月，北港發生大火，朝天宮周圍商家均遭火舌波及，唯獨廟宇安然無恙。

台灣曾被日本人統治五十年，在未統治前，就有大甲媽祖前往湄州進香，當時由大安港或溫寮港路搭船前往湄州祖廟進香活動，直到日本人統治台灣後停止一切進香活動，由於無法到湄州進香，剛好北港朝天宮後殿建有聖父母殿，且適逢鎮瀾宮重修需要藉由辦活動來增加經費，大甲又剛好有牛販，就在經常往返北港的牛販穿針引線下，遂有了大甲鎮瀾宮往北港進香的活動。

民國七十六年十月底，媽祖成道千年紀念日，湄州祖廟廣發邀請函，歡迎各地信徒前往大陸湄州參加慶典，大甲鎮瀾宮董監事一行人便前往湄洲天后宮恭請回一尊新的媽祖分靈的神像，香火爐、石印、香火袋、令旗一面，迎鎮瀾宮正殿供奉。

▲媽祖娘娘及侍從

由於大甲媽祖前往北港進香已有百年歷史，一般人認為大甲媽祖是北港媽祖的分靈，鎮瀾宮自從民國七十六年迎回湄洲媽祖後，經鎮瀾宮董事多次商量，將北港進香一詞改為「財團法人大甲鎮瀾宮天上聖母繞境」，並取消北港進香活動，北港朝天宮對此相當不滿，雙方陷入緊張局面，此時正巧新港奉天宮到鎮瀾宮拜訪，歡迎大甲鎮瀾宮前往新港繞境活動，才有一九八八年始至今前往新港的繞境活動。

繞境路線始於大甲鎮瀾宮，一路上經過彰化南瑤宮、溪洲后天宮、西螺朝興宮、新港奉天宮、花壇白沙坑文德宮，最後回到大甲鎮瀾宮。八天七夜的行程，總長度三百多公里。繞境時，必須進行以下動作：

一、貼香條

頭旗人員在起駕前，凡大甲媽祖繞境路線沿途貼香條，昭告沿途居民大甲媽祖即將繞境經由貴寶地，請民眾備好香案祈福。當媽祖出巡時，經過之處不宜在戶外曬衣服，以免對媽祖不敬。

二、鑽轎腳

近年來媒體不斷宣傳，在媽祖出行時，能「鑽轎腳」祈求平安易得神明保佑，並希望可以扛負神轎為媽祖服務一段路，因此媽祖神轎所經之處常常會有信眾排隊鑽轎腳，而且人數一年比一年多。

三、進香旗

向廟方購買，沿途經過廟宇過香火，並綁上沿途廟宇的香火袋及平安符，以保佑沿途平安，返家後供在神桌上，祈求全家平安，相傳進香旗年代愈久愈好，並且每年都要回媽祖廟續香煙。

【隨香禁忌】

1. 參加的人員必須為潔淨的人。在坐月子的婦女與守孝之人均不得參加。
2. 進香前必須以香末紙錢淨身，車輛以及隨身的物品也必須淨過。
3. 起駕以後開始齋戒吃素，而且不得進入喪家的，不得進入月內房，衣物不得讓這兩種人觸摸。
4. 第一次參加進香，必須穿著整套新衣，表示對各地神明的敬意。
5. 為媽祖服務身穿號掛的人員，不能擅自把其他衣物加在號掛上，也不能穿號掛如廁，沿途戒賭、戒色，吃素期間不得飲酒，也不能亂說話，務必帶著最虔誠的心意隨著媽祖去進香。

三月初三—清明掃墓

在台灣一般民眾多以「清明節」為主要掃墓祭祖的時節。早期因泉、漳械鬥演變出三日節或稱小清明，古清明的習俗來自漳州的台灣同胞，大部份利用農曆三月初三日掃墓。民間習俗親人埋葬後第一年一定要去「培墓」，第一次培墓俗稱「開墓頭」，必須在當年春秋日前培墓，第二次培墓在隔年清明節當天上午，第三次培墓在隔年清明節下午，連續培三年後即不再培墓，只有在清明前後上山掃墓掛墓紙。在傳統台灣習俗中，家裡若有長子娶媳婦、添丁生子、買房子等喜事時一定要培墓，不受三年後不再培墓的規定。

一般墓紙分紅、黃、白的古仔紙及紅、黃、白、綠、粉紅的五色紙兩種。據老一輩的區分，泉州人用白墓紙，同安人用黃墓紙，紅墓紙則不分地域；現代則多用五色墓紙，其用意是蓋厝瓦或表示子孫已祭拜過。壓墓紙在墓塚部份以奇數為主，放置的地方首重趨吉避凶，第一先壓墓碑、第二壓左右墓手、第三壓左右腰間、第四壓墓中、墓後等；象徵七星地，子孫出士。另一方法是先將墓紙壓在墳頭上，然後在墓的四周壓上十二張銀紙，具有驅邪除煞的作用。

掃墓時必須先拜后土再拜祖先，祭拜牲禮新墓須準備五牲（即豬肉、雞、鴨、魚、豬肝），舊墓用三牲（即豬肉、雞、魚）；拜完后土的牲禮可以拿來拜祖先，除了五牲、三牲外，必須再準備鴨蛋或雞蛋以及麵粿、紅龜粿、草仔粿等。掃墓一般須注意「清明節」當天沒有任何禁忌，十二生肖都可以掃墓，其他的日子則須擇個吉日免得沖煞。掃墓時間以早上太陽出來，下午太陽下山前最佳。千萬別在太陽未昇或已經西下時仍在墳區。培墓時準備一對燈籠稱「子孫燈」上面寫上「添丁進財」、「財丁兩旺」、「富貴雙全」等句，在掃完墓時將紅燭放進燈內返家安放祖先神桌前，具有求子、求財的功能。

一、新墳

先人初逝的第一年，子媳於來年的「春社日」前，就必須前往掃墓拜。意謂子媳思親，而至初逝的第一年，子媳有迫不及待的心情，因此未到清明節，須在春社日之前便急著上墳掃墓。第二年，便是春社之後，清明之前上墳。第三年，即是清明掃墓的日程。若是祖墳有重新翻修，則掃墓的前三年也如同新墳一般，以「春社」及「清明」作為日程的標準。

二、舊墳

超過三年以上的舊墳，只要有子孫娶媳婦和生男丁的喜事，子媳就需連著三年上墳祭拜，答謝祖上庇佑。

出嫁的女兒回娘家的至親墳上祭拜，一般均備一個豬頭作禮，而墳旁的后土神，則以「素果」為禮。素果的台語音近四果，實為訛誤，應是五種素果，才是敬神之禮。

【清明節前夕——寒食節】

寒食節是起因於介之推的抱樹自斃。春秋時代，晉獻公生有申生、重耳二子，因為獻公寵信驪姬，聽了她的讒言，就殺死長子申生，次子重耳聞風逃出了宮。那時有狐偃、趙襄、顛頡、魏犨、介之推五個屬下，保護他逃難。

一次路過衛國時，重耳和他的隨從被人追擊，慌不擇路，逃到一個杳無人煙的地方，甚是飢餓，這時重耳發現大臣介之推不見了，以為他乘危脫逃，過了一會兒，介之推卻給公子端來一碗肉湯。公子飢不擇食，狼吞虎嚥、一飲而盡，當公子還想吃第二碗湯時，才知道這碗湯原來是介之推從自己腿上割肉熬煮而成。

公子得知此情，表示即位之日，一定重加封賞。後來，重耳果真登基，即後來的晉文公，犒賞功臣時卻唯獨忘了介之推。介之推不願邀功請賞，不食俸祿，悄悄跑到山林中躲起來。人們讚賞介之推的行為，同時也對公子重耳不滿，於是在宮門外掛了一封信，信中寫道：

「有龍矯矯，頃失其所，五蛇從之，走遍天下；龍飢無食，一蛇割股，龍反其淵，安其壤土；四蛇入穴，皆有處所，一蛇無穴，號於中野。」

晉文公見到此信，猛然想起介之推，遂派人去請他出山，之推不從，晉文公便要焚山將他薰出來。不想，介之推在大火中抱樹而死。晉文公有感於此，下令以後每年介之推被燒死的這一天，全國禁火，吃乾糧、冷飯。這就是所謂寒食節、禁火節的由來。

一般的說法是清明前一天或兩天為寒食節。另一種解釋則以冬至為基準，說冬至後的第一百零五或一百零六天為寒食，所以寒食節也叫「百五節」、「百六節」。

禁火寒食之舉起初並無固定日期，也和介之推沒有什麼關係。從先秦的文獻記載可知，當時對於用火有較嚴格的管理制度。《周禮》中載有「司爟」之官，實際上就是管火的官，他的任務是「季春出火，民咸出之；季秋內（納）火，民亦如之」。有人據此而揭出了周代的火管理制度是「季春出，季秋納」，並指出這種火並非指室中炊火，主要是指野外之火，禁火的目的是在乾燥的冬春季節防止失火，保護森林及其他資源財產。

三月十五—中路財神趙元帥誕辰

趙元帥名趙朗，字公明，封玄壇真君。傳說是趙元帥為秦人，得道於終南山，自秦時避世山中，虔誠修道。漢代張道凌張天師入鶴鳴山精修時，收他為徒弟，並令他騎在黑虎背上，守煉丹室，張天師煉丹成功，分仙丹給趙公明，他吞下仙丹，於是趙公明成了變化無窮的天師形象，張天師又命令他守玄壇，後封為玄壇趙元帥。

《三教源流搜神大全》稱趙元帥其頭戴鐵冠，手執鐵鞭，面黑鬚濃，身跨黑虎，能「驅雷役電、呼風喚雨、除瘟剪瘧、保病禳災；至於訴冤伸抑、公明能使之公平，買賣求財、公明能使之宜利和合，只要有公平之事，可對神（玄壇）禱之，無不如意。」這裡的趙公明是一位職掌甚多之神，但因財富對人的重要性，以及趙公明有助於買賣求財的特性，後世便奉之為財神。

三月十五—保生大帝誕辰

保生大帝稱吳真人、大道公、吳真君、花轎公、忠顯侯、英惠侯、大道真人、真人仙師、吳公真仙等，俗名吳本，字華基，號雲東，生於宋朝太平興國四年（西元九七九年）農曆三月十五日，福建省泉州府同安縣白礁鄉。真人天資聰穎博覽群冊，天文、地理、禮樂、刑政各科皆有鑽研，尤其對於醫道更有精闢的見解。傳說他十七歲遊崑崙山時，於行腳途中遇見西王母，王母授濟世妙方及斬妖伏魔之術。真人一生茹素未婚娶，曾官拜御史。退隱後終生以醫道濟世，救人無數，許多人因仰慕而跟隨他學習醫術，像黃醫官、程真人、鄞仙姑、昭應靈王等皆是他門生。

明成祖時，孝慈皇后患有乳疾，看遍名醫都治不好。有一天，來了一位道士，自稱能治癒皇后的病，不過為了避開男女之嫌，道士提議把脈時可以在皇后的手腕綁上絲線，他在門外透過絲線診脈即可。後來果真醫好皇后的病，明成祖問及他的身份，道士表明是吳真人，說完變成白鶴飛去。明成祖為感念他治好皇后的病，敕封他為「昊天闕御史慈濟醫靈妙道真君萬壽無極保生大帝」。宋仁宗明道元年間（西元一〇三二年），福建的漳、泉一帶曾發生旱災、瘧疾，因真人施法力，調遣天兵神將運米除厄，才使漳、泉居民得以度過難關。

宋仁宗景祐三年（西元一〇三六年）五月初二日午時，真人時年五十八歲，因修煉得道，駕鶴升天。得道後的吳真人，時常顯靈濟助凡間百姓，還曾義助明太祖大戰陳友諒於鄱陽，後受太祖追諡為「昊天御史醫靈真君」。

▲保生大帝

三月十九—太陽星君誕辰

筆者學習五術時，曾經劉時香老師指引內湖區碧山路二號有一座「太陽廟」，廟中供奉太陽星君及太陰娘娘，每年三月十九日是太陽星君生日，當天廟中供有素食。男性，運氣晦暗，須常唸太陽真經，祈求運氣順暢，太陽廟中有安元辰燈、元神燈，男仕若運途不順，可到太陽廟安斗燈以求轉運。

安斗燈器物

1. 米：為五穀，陽氣，具有辟邪、祛穢作用。
2. 燈（蠟燭）：代表太陽星君保佑信眾早日渡過黑暗期。
3. 華蓋（涼傘）：庇佑斗中之人，祈求平安或事業順利、身體健康。
4. 斗儀：記載祈求人的姓名。
5. 劍屬金：降魔斬妖，保身康寧，切斷一切不利。
6. 鏡屬水：光輝朗照其心，智慧早現。
7. 秤屬土：代表上天對眾生公平，為人有信用，心地善良，孝順得天助。
8. 剪刀：剪除凶神惡煞，剪除壞桃花。

農曆四月──浴佛節，放生改運

四月初八──佛祖釋迦牟尼誕辰

釋迦牟尼是佛教的創始人，因此被稱作「佛祖」，簡稱「佛」。釋迦是種族的名稱，意思是「能」，牟尼可以意譯成「文」，是一種尊稱，含有「仁、儒、寂、忍」等意思。釋迦牟尼合起來的意思是「能仁」、「能寂」，可以稱作「釋迦族的聖人」。這種稱呼是佛教徒對佛祖的尊稱，也簡稱「釋尊」。釋迦牟尼本姓喬答摩，意為「最好的牛」；名字叫悉達多，意為「達到了目的的人」。

他生在一個貴族家庭、父親叫淨飯王，是當時迦毗羅衛國的世襲大酋長，

▲釋迦牟尼佛

他娶鄰國善覺長者的大女兒摩訶耶和四女兒摩訶波闍波提為妻。

釋迦牟尼在佛教經籍中關於他生平的資料十分豐富，被稱作「佛傳」。佛傳把佛祖的一生分成八個階段，稱作「八相成道」或「八相示現」，簡稱「八相」。

第一相：下天

也叫下兜。是說釋迦牟尼在兜率天（妙足樂園）歷經四千年後，觀察五種因緣（時間、地點、國家、家庭、父母）已經成熟，決定最後一次轉生投胎淨飯王之妻摩耶夫人，降生人間，渡化眾生。

第二相：入胎

釋迦牟尼決定降生人間以後，即乘口含白色蓮花的六牙白象離開兜率天，從摩耶夫人的左肋入胎。

第三相：出胎

釋迦牟尼從摩耶夫人的右肋出胎，誕生在藍毗尼花園的無憂樹下。他誕生時，有步步生蓮、九龍浴身的奇異現象。

第四相：出家

釋迦牟尼生下七天之後，母親摩耶夫人即辭世升天，他在姨母的撫養下成長。十九歲時和表妹耶輪陀羅結婚，並生有一子。他出遊東西南北四城門的時候，分別見到老人、病人、死人和苦行僧，由此體味了世間生、老、病、死等苦楚，決心出家修道，在一個明月之夜，他毅然拋棄王位、財富和妻子，離開王宮，出城入山，苦苦修行。當時他二十九歲；出家日是農曆二月初八，從此該日稱「佛出家日」。

第五相：降魔

釋迦牟尼和隨行的五人一天只吃一麻或一麥，苦行六年，形容枯槁，但仍然未能得道。於是他放棄苦行，並在浴後體乏無力的情況下接受牧女善生的乳糜，恢復了健康。他來到河邊的畢缽羅樹下，鋪吉祥草為座，開始打坐，發誓：「我今若不證，無上大菩提，寧可碎此身，終不起此座！」打坐期間，若遇風雨，樹神用樹枝遮風擋雨。魔王見此情形，率魔女、魔軍將他團團圍住，以圖阻止，打坐七七四十九天，釋迦牟尼克服了所有的「魔障」。

第六相：成道

經過四十九天，到十二月初八日，釋迦牟尼終於成道，被世人稱為「佛陀」（意思是「覺悟者」），釋迦牟尼成道的這一天，即十二月初八，俗稱「臘八」，佛家則稱「成道節」。

第七相：轉法輪

釋迦牟尼成道後說法普渡眾生，他三十五歲成道，八十歲入滅，說法的時間為四十五年。

第八相：涅槃

釋迦牟尼年至八十歲的時候，自知陽壽將盡，便作最一次巡行。在弟子阿難的陪同下向西北走，走到離摩羅國首都的一個村莊，在村外希拉尼亞瓦揚河西岸的兩株莎羅樹下，頭朝北、右手支頤，左手放置身上，雙足並攏，取側臥姿勢，面向西，進入了大般涅槃（又譯作「大解脫」、「大圓寂」、「大入滅」等）。這一天是二月十五日，後世稱「佛涅槃日」。

浴佛節，我們常見到的佛像則是釋迦初生時的形貌，所謂「誕生佛像」。這種佛像一般一、二尺高，用金或銅塑成，佛像形貌的最大特點是仿摹誕生時的情形，一手指天，一手指地。另外就是用兒童衣著，上身赤裸，下身圍裙子或穿小褲衩，除佛像之外，附帶的還有「金盤」，相傳是釋迦誕生時接生用的。寺院中，於浴佛節當天才請出來，各廟宇以法會中設以小盆貯銅像，浸水以小杓澆灌，求平安。

佛傳說釋迦誕生之時，天雨香花、九龍吐水，那水是香氣馥郁的，因此後世所用的浴佛水也是如此。

▲浴佛節祈福法會

浴佛節的節期與佛祖釋迦牟尼的誕辰是同一天，相傳與北宋皇祐年間的圓照禪師指出，浴佛的日期要依從《摩訶剎頭經》之說，該經謂：「佛告大眾，十方諸佛皆用四月八日夜半子時生。所以者何？為春夏之際，映罪悉畢，萬物普生，毒氣未行，不寒不熱，時氣和六。今是佛生日，人民念佛功德，浴佛形象。」從此之後佛專用四月八。到元代，《敕修百丈清規》亦定四月八日為佛祖釋迦牟尼誕辰。明、清再無更易，以迄於今。

四月十四—呂仙誕辰

傳說呂洞賓叫呂岩，是唐朝人，精通百家經籍，但屢試不第，便浪跡江湖。六十四歲時去首都長安（今西安）趕考碰到鍾離權，被點化得道，繼承了鍾的「上真秘訣」、「靈華畢法」；又在廬山遇火龍真人，得傳「犬道天循劍法，龍虎金丹秘文」。此外，他志向頗大，自稱誓願渡盡天下眾生，方才升天。

四月十六—黑虎將軍（虎爺）祭日

黑虎將軍又稱「將軍爺」，有別於一般民間的「虎爺」，為石頭或木質雕刻的虎型神像，置於一般寺廟神案下，專供土地公及保生大帝神桌下。相傳在宋朝時，有一隻老虎吞噬了一位婦人，但喉嚨卻被婦人頭上所帶的髮釵所刺，痛苦異常。於是老虎跑去向吳真人求救（日後為神「保生大帝」），誰知道吳真人卻訓斥道：「你殘害的人畜太多了，這是上天給你的懲罰，我不能救你。」但老虎依然不肯離去，仍在原地懺悔，最後吳

▲虎爺

真人為牠的誠心所感動，終於為牠醫治，不久果然痊癒了。老虎感念他的大恩大德，便當他的護衛，忠心守護著大帝廟，人們稱為「虎神」、「黑虎將軍」，一般農曆四月十六日定為「虎爺」的祭日。

四月二十八—藥王誕辰

傳神農是醫藥的種植者與發明者，他曾經發明製造耜等農具，教民稼穡，又親嘗百草，發明醫藥教人治病。關於後者，《淮南子・修務訓》記云：「神農嘗百草之滋味，一日而遇七十毒」；《史記》也說：「神農氏嘗百草，始有醫藥」。又傳神農親嘗百草，百死百生，後因嘗藥草中毒而亡，死的那天是農曆四月二十八日。後人稱這一天為「神農嘗百草日」，與所謂的藥王誕辰統一。

農曆五月－端陽避邪，迎巨福

五月初五－慶端午

早在戰國時代視五月為惡月、五日為惡日的俗信就已經存在，相傳該日出生者長到和門一樣高時，子女易剋父母。歷史上的名人孟嘗君即生於五月五日，幼時母親將他藏起來扶養，等到長大拜訪親生父親時，孟要求父親將門墊高，以防子女剋死父親的傳說（傳說早期門只有一二〇公分高，為了避掉剋死父母的傳說，加高至今日的一九〇公分高度）。

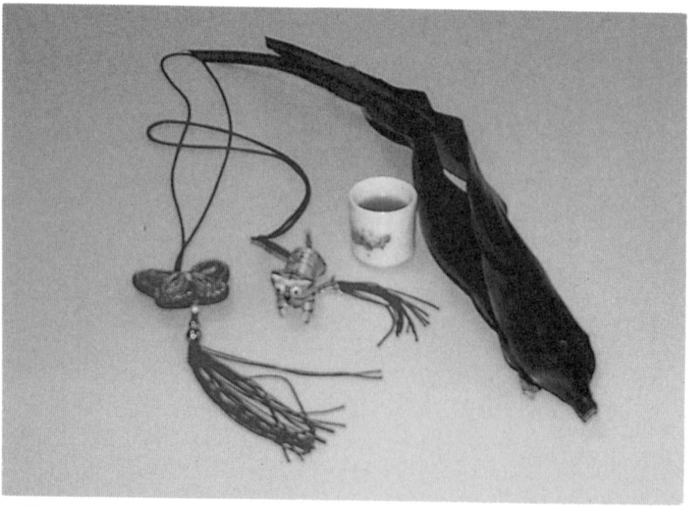

▲香包、雄黃酒、菖蒲

端五節、重五節的稱呼在唐代以前就有了，因為唐太宗的生日是八月初五，為了避諱，改五為午。

每當端午節來臨，家家戶戶在門外掛菖蒲、艾草、柳枝、松或葛藤等驅邪避魔，喝雄黃酒避邪，家家戶戶包粽子、觀賞划龍舟，其實是一個很好的造運日。其中有許多造運方法以下便逐一介紹：

一、中天避邪

陰曆五月五日為天中節、女兒節、小端陽、五月節、沐蘭節、女媧節、娃娃節、解粽節、蒲節、詩人節、龍舟節、天長節、地臘節和包節等。筆者曾於八十二年於中國大陸蘇杭旅遊時，看到當地民俗於當日家家戶戶在入門處貼有鍾馗像或張天師像作成的除魔「祥符」。

鍾馗的傳說始於唐朝年間，話說唐玄宗得了怪病，夢見小鬼偷竊，繞殿而奔，忽然有一頭戴帽、衣藍裳、朝鞭，角帶，一臉落腮鬍的大鬼捉住小鬼，挖其雙眼，吞入口中，唐玄在睡夢中問：「救駕何人？」此人宣稱：「臣生應舉未中，抑鬱撞牆而死，死後誓為皇室除孽除魔。」

唐玄宗清醒病愈後，詔畫工吳道子繪鍾馗畫像，昭告天下記為除魔之神。現有的鍾馗畫像大多一手持劍，眼睛看蝙蝠在天上飛舞，意為「鍾馗引福」吉祥圖畫，可除魔又可迎福。

二、五毒扇

陰曆五月五日為端陽節，又名端午節，傳說為邪惡毒氣集中之日，在五月初一到初四之間選擇良辰吉時，並配合奇門遁甲，可備素面紙扇一把，畫上蜈蚣、蜥蜴、蠍、蛇、蛙，或畫蛇、虎、蠍、蜘蛛和蜈蚣等五種毒物，稱為「五毒扇」，取「以毒攻毒」之意，利用此扇來避邪。

畫這種動物時，須準備沒用過的毛筆，墨汁中須加入朱砂；畫後須用紅色紙或紅色線綁住，傳言家中有陰或小兒驚嚇、收驚皆有效。

三、祭祖

端午節當天上午至中午十一點多，各家就大事張羅，準備拜拜。大門兩邊，插上艾草和菖蒲。大廳上祖先的牌位前放三牲、素果、粽子，祭品排好，一家之主或主婦，就率領家中大小，焚香禮拜，呼請先靈前來鑒納，而後把香插在棹前香爐，奠酒三次，經過三巡香，拿起神告，卜問先靈，是否吃飽，如得「笑杯」，則焚化「銀紙」，用酒灑在金鼎裡的餘燼，成圓形代表團圓之意。

四、午時水

許多人都知道端午節當天備雞蛋一枚，放在地上會豎立，五月五時午時「重午」時分，充滿陽數旺氣，磁場特強，通常於十二時豎立雞蛋，則雞蛋屹立不倒。傳言當天純陽日還可治病、驅邪、祈福、調氣，近年來苗栗九華山，每到此日皆有上百部遊覽車前往靈山取午時水。

如何使用午時水，相傳午時水為藥水（家中有久病人，可用午時水烹調藥理治病）。利用午時水灑在不淨之處，也可利用午時水畫符。切記午時水是當天五月五日正午之時（十二時）的泉水、井水、雨水、大自然的水，而非自來水、礦泉水。

五、蘭湯沐浴

五月裡天氣炎熱病叢生，相傳有用蘭湯沐浴（蘭是一種香草）的習俗，目前時下流行泡SPA、藥澡、冷泉、花澡等，一方面可健身，另一方面可保健康，不妨利用端午節當天泡個澡。

六、午時符

在端午節當天中午十二時正，拿一張黃紙，在紙上畫一個八卦，並在下面寫敕令兩個字，敕命下中間直寫「五月五日午時書破官非口舌，鼠蟻蚊蟲一切盡除」等字，左邊寫「艾旗迎百福」，右邊寫「赤口白舌盡清滅」，將之貼在門中間或玄關上，此種符可以驅邪、禳解、祥福、對於小孩受到長期驚嚇、回神有很好的效果。

七、七姓結

合歡結，可以在這一天先備妥五色絲線（或絨線）結成「長命縷」，又名五彩絲、五色絲、五色縷、續命縷、延年縷、群兵縷、辟兵繒、朱索、百索等。其方式是將青色、紅色、白色、黑色和黃色這五色線（代表東、南、西、北、中，五個方向）結成絲縷或絲線，在端午節當天，由七個不同姓的人，打七個結，每打一個結就說一句吉祥，最好能找到帶有官氣、富氣、貴氣、才氣的人，增加「七姓結」或「七氣結」。相傳套在小孩的手臂繫上後，可壯膽、避百邪、保身體，並可以增加婚姻或感情的元力。

未出嫁的女子，此日打扮得比較艷麗妖嬌（舊時是佩靈符、簪榴花、持彩扇、繫香囊）出遊，可以帶來好運、結喜氣，而為促使紅鸞星動，則可以在頭髮、衣服或手腕帶上連續五條合歡結。

晉葛洪在《抱朴子》中提到，如在端午節將「赤靈符」掛在心前，可以避邪、免災，此習俗在宋朝時十分流行。如果小孩子記性不好，可在此節時，用紅布製成紅雞心（記性）的袋子，內放茶葉、米、雄黃粉，掛在小孩的胸前，便能驅邪（鬼怕雞啼）、祈福。端午當天早上在屋角及各陰暗處灑香灰，噴雄黃酒，燃雄黃煙，可驅穢氣。

當天在飲食上可以吃五種黃色的食物（例如：雄黃酒、黃魚、黃瓜、蛋黃、黃豆等），除了制煞，也可增財氣。當天不妨到陽明山上，泡泡溫泉，去除穢氣，嚐嚐陽明山特有地瓜湯、米粉湯、芋頭，吸收一年難得的正陽氣，唱首笑傲江湖，享受不同的端午佳節。

農曆六月—赤日炎炎好曬霉

六月初六—三伏天，曬經會

三伏是源自春秋時秦德公二年（西元前六七七年），有鑑於熱毒惡氣傷害人，而用狗禳除這種蠱氣。三伏到了漢朝時，已變成重要的節日。

伏是盛夏最炎熱時候的節令，分三個段落，也叫「三伏」。三伏依次為初伏、中伏、末伏，每伏十天共三十天。伏一般在農曆夏至後的第三個庚日，第四個庚日為起中伏，立秋後第一個庚日為末伏。

「伏」出自擇日學，一年有廿四節氣，夏至後太陽幾乎直射地面，照理說應該最熱，但這時白天吸收的熱氣夜晚散發掉一部份，所以夏至那天並非最熱，直到夏至後約卅天，地面積蓄的熱量才達到最高峰，所以人們認為「伏」是「陰氣藏伏」的意思。《漢書・郊祀誌》注謂：「伏者，謂陰氣將起，迫於殘陽而未得生，故為藏伏，因名伏日也。」至於為何選擇「庚」日，以及為何在夏至後的第三庚日，則多少有迷信的成份在內。夏季屬火、火剋金，金遇到火必會隱伏，因而選屬金的庚日為伏日。

三伏天是一個獨特的時令，有以下俗信或習俗活動：

「初伏，浴於河，謂之『洗百病』」

「初伏洗頭去風，以杏仁炒麥子，食數粒，一年不頭病，心無嘔。」

「伏日，詔賜從官肉。」這是漢代官府的伏日肉會；近代民間也有伏日大嚼其肉的風俗：「初伏日，富家咸殺雞煮肉，闔家大嚼，謂伏日食物較平時格外滋補也。」

三伏天，驕陽似火、赤日炎炎，古人往往利用它來曝曬衣物、書籍以及其他物品，六月六的曝曬習俗就是這樣形成的。

寺院叢林還有六月六日曬經的活動，稱「曬經會」、「翻經會」。因此，六月六又有曬經日、佛寺曬經日之稱。這種習俗的起源，一說是佛祖釋迦牟尼曾於此日曝曬經書；一說玄奘從西天取經歸來，途經大海，墜入海中，經書為水所濕，故有曬經之舉。婦女翻揭經卷，以圖來世轉男，《中國全國風俗》，謂翻經十次，他生可轉男身。

宮廷在六月六日有曬龍袍及曬宮廷的儀杖及皇帝專屬物品。

民間曝曬衣服布帛等用品，防止霉爛，所以叫曬霉。

文人雅士，曝曬書籍及字畫防潮去霉。

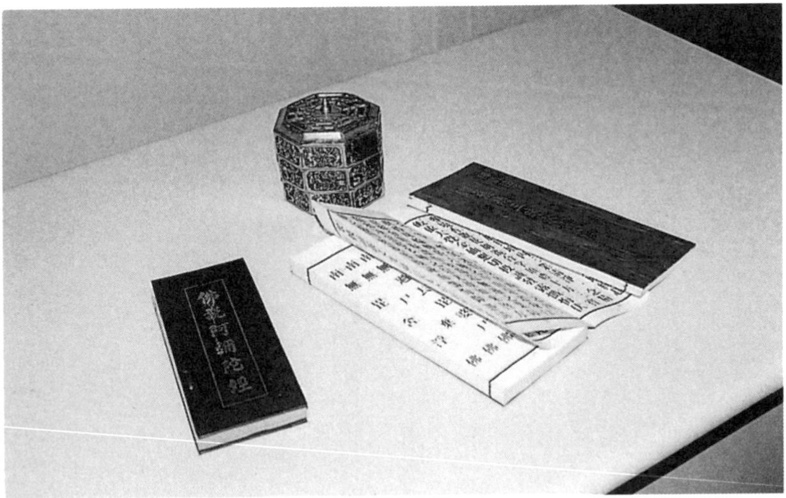

▲點檀香，將佛經翻閱一遍

農曆七月—慶讚中元，普渡孤幽

七月初一—鬼門開

農曆的七月初一，傳說是鬼門開。在農曆七月份的時候，最好的拜拜方式，是參加各寺廟由僧、道普渡唸經的法會，廟內大佛寶殿或前殿，搭建高臺一座，名為「燄口臺」，僧尼擊動法器，手結印，口念真言，請神、謝三界、請觀意、請孤魂、拜懺、獻供，誦陀羅尼經「化食」。蓋無祀孤魂罪孽深重（如目蓮母親），吃東西時口吐火燄，非賴佛法化解不能下嚥。此外，也有「化食」之意，實因孤魂眾多，唯恐祭品不夠，乃誦經使一化十，十而百、百而千、千而萬，才能使所有的孤魂都享受到供祀。

不知讀者們是否注意到，農曆七月份拜拜的三牲特別容易壞。相傳孤魂野鬼都是用吸氣的方式來吃供品，所以在農曆七月份拜拜的供品特別容易壞，目前民間每到七月十四、十五、十六這三天，必須在門口做拜拜的儀式稱之為「拜門口」，而非把供品放在家中神桌上，這才叫普渡。門口的普渡是從下午一點以後開始拜拜，有些地方則是以下午五點後才開始拜拜，如果你無法參加地方上的普渡大會，自行在家門口普渡時，須注意以下事項事：

1. 須買慶讚中元的紙旗，插在牲禮上面（只須一支旗即可）。

2. 準備五味碗（魚、肉、雞、鴨、菜類）、糕、粿、酒、飲料、餅干、生力麵、三牲，祭物上面各插線香一支。

3. 金紙：普渡公金、經衣、大小銀紙。

拜拜當中有一種方式類似密宗的火供，如果在燒金紙的時候，可以連同三牲、生力麵、供品等一同火化，當燒三牲時味道特別的臭，反而能招來各地的好兄弟，受你供養，當燒生力麵時特別的香，同樣也能招來四方的好兄弟，通常好兄弟享受豐宴後，會回報你，讓你有意想不到的幸運。在台北有某大裝潢公司及婚紗公司，都是用這種方式拜拜，也是業界首屈一指的公司，業績十年來一直倍增。

此外，八斗子的放水燈是全省非常有名的，放水燈科儀的內涵，主要是藉由神光照徹九幽，遍召下水孤魂前來受渡。如果能參加法會，也是功德一件。

七月初七—註生娘娘誕辰

「註生娘娘」相傳是「臨水夫人」，俗名靖姑，是福建蒲田縣臨水鄉人。傳說：宋代蒲城徐清叟，有一個媳婦懷孕十七個月，還沒有生產，有一天自稱專門接生難產的婦人來拜訪清叟，吩咐清叟準備一間樓房，房中地板挖一個洞，把孕婦移到樓上，並命僕人拿著棍子在樓下看守，不久孕婦生下一隻巨蛇，僕人把巨蛇擊斃，孕婦才得以平安。清叟大喜贈送珠寶，婦人不受只索手帕一條，下款寫著「徐清叟贈救產陳氏」等字而去。後來，清叟調任福州，在一座陳夫人廟，發現手帕，才修表奏請朝廷，封贈神號。在福州的註生娘娘廟，有配祀卅六個婆姐，相傳是璘王所賜三十六宮女，本省祀奉註生娘娘，只配祀婆姐十二人，婆姐是註生娘娘的部屬，俗信嬰兒未成年之時，亦即十六歲以下之兒童，均受婆姐之看護及庇佑，所以這一天註生娘娘誕生，同時也拜「婆姐」，亦即「七娘媽」。祭拜七娘媽，通常於黃昏在門口設供桌對天拜，供品如下：

1. 鮮花都用千日紅、雞冠花、鳳仙花、茉莉、樹蘭等香味特別強烈的花。雞冠花又名「洗手花」，古人祭天祀神，敬奉粿類，都在粿上插上「雞冠花」，取其

「盥手致敬，以歆鬼神」之意，雞冠花又多子，有「宜子之祥」外，又有「雞冠」和「加冠」近似，有「普祿之兆」、「多子多孫」。

2. 三果：水果內籽子愈多愈好，如龍眼、西瓜。

3. 胭脂：凸粉、胭脂、紅紗線、小鏡子。

4. 芋油飯：民間生產子女，必做油飯，贈送親友，芋油飯是油飯中再加上芋頭。芋是「宜子之物」，以芋油飯敬奉「七娘媽」是取其眾多之意。

5. 七夕粿：又稱「烏草仔粿」，採取秋天七草，滿地藤、艾、開脾草、菜瓜鬚、香圓草（或檸檬葉）、拔仔心（或四君子）、石榴心等，浸水切片，如米磨碎，雜以麵粉，加黑糖蒸熟即成。

6. 麻油雞、三牲。

家成年者，特供粽類、麵線、七娘媽亭。祭後，燒金紙、經衣，同時將七娘媽亭焚燒供獻，此稱「出婆姐間」，表示子女已成年。拜後，並將鮮花、白粉、胭脂等，投擲屋上。

▲胭脂、七夕粿與百合花

七月初七—七夕乞巧

「乞巧」是向織女乞求一雙巧手、巧技、巧智的意思，根據《荊楚歲時記》的記載，在七夕的晚上有六種方式乞巧：

一、浮針試巧

也叫漂針試巧、丟巧針、投花針。方法是在一個容器中盛以水，露天放置一段時間，待水面生膜後，投針或細草於膜上，看容器底部針影的圖案紋樣。喜見水底針影，有成雲物，花頭、鳥獸影者，有成鞋及剪刀、水茄影者，謂乞得巧。

二、穿針乞巧

叫金針度人。七夕月下以絲縷等穿針孔，穿過便是「得巧」，落後則「輸巧」。

三、種生乞巧

種生也叫種五生，所用器皿叫五生盆。在七夕之前把綠豆、小豆、小麥於磁器內以水浸之，生芽數寸，以紅蘭絲束之，謂之種生，到七夕時供奉織女以乞巧。

四、蛛網乞巧

這種方法是取一隻蜘蛛，放到一個小盒裡過夜，第二天看是否結網，網絲多而圓正者為得智巧。

五、鬥巧宴

元代七夕宮廷宴會，會前有測試智巧遊戲。方法是從結彩樓上剪彩散於台下，宮女爭拾，拾顏色艷淡定勝負。

六、度巧

先讓女孩子進入昏夢寐狀態，然後測試。

七月十五—慶讚中元

中元節為地官大帝聖誕之日，道教認為是日地官下降，考校人間禍福，故在當天延請道士誦經，為地官祝壽，並祈求赦免罪過，稱為「慶讚中元」。佛教傳入中國之後，將在七月十五日舉行「盂蘭盆會」的信仰傳入，佛教徒在是日以盆承物供僧，並請僧侶為其誦經祈福，超渡淪入餓鬼道之先人，以解倒懸之苦。因佛、道二教之信仰習俗的影響，使得中元節更加豐富。

▲普渡十方孤幽，當天會場有「大士爺」、「招魂旛」、「淨孤筵」、「豎燈篙」等科儀

一、盂蘭盆法會

盂蘭盆法會，梵音譯為「救倒懸」節，亦稱「盂蘭盆法」，因為印度的風俗，在雨季期間都要去修道，在這期間，一般的人，就以食器裝著食物去供養眾僧，以解先人倒懸之苦，相傳這種風俗，起源於「目蓮救母」。

目蓮本來是苦印度摩竭國頭號富戶的愛子，父親叫富相，母親叫青提。目蓮的父親富相是個大慈大悲之人，極其敬重出家人，視僧尼如父母；而他的母親青提夫人貌美愛財，常憤而打僧罵道、屠狗開葷。

父親死後，目蓮決定外出經商，臨行央求母親行善積德、善待僧尼；青提夫人勉強答應，但仍趕走登門化緣的僧尼，並且出言不遜。半年後目蓮返家，問訊母親，青提夫人發下毒誓：「若無善行，七天之內不得好死，死後墮入阿鼻地獄！」不想毒誓應驗，七天後青提夫人暴斃。

目蓮修成羅漢，成為佛祖的十大弟子後，一日聽了釋迦講解「回恩」，用天眼看到亡母身在餓鬼的行列裡，已經過滑油山，到了第六殿，正在受苦刑，正好目蓮趕到，他立刻用缽盛飯，捧到他母親面前，想請他母親充饑，不料飯送入口，就被一道火燄，燒成炭火。

他想不出好方法，以營救他的母親，只好回去懇求釋迦，教導他解救母親之道，釋迦說他的母親罪孽太深，必須用盆器，羅列百味，供養眾僧，依賴眾僧的功德，才能解救他母親的倒懸之苦，於是目蓮遵命去做，終使他的母脫離苦海。

佛祖有鑒於目蓮救母之事，要求佛門弟子盡心行孝，作盂蘭盆施佛及僧，以報父母恩情。

二、普渡孤幽

中元節當天各廟宇及設區道場舉行盂蘭盆會，並在之前先舉行「豎燈篙」與「牽車藏」法會。「豎燈篙」的目的在召引孤幽來接受超渡、施食，普渡豎燈篙，

▲普渡法會，宴請好兄弟

是在農曆七月十日（至十月十五日）舉行，豎立燈篙竹三支，自左而右，分設天竿（陽竿，旗幟上有一三角旗，書「大龍峒保安宮」，一面四角旗，上書「慶讚中元」）；招魂竿（陰竿，地布上書「敕令本境界內一切十類男女無主孤魂滯魄等眾齊赴孤筵聞經受度拔往生方罡」）；以及七星燈竿，懸掛七盞彩繪燈籠，自上而下依序書寫「風調雨順」、「國泰民安」、「四時無災」、「八節有慶」、「六畜興旺」、「萬事如意」、「合境平安」。燈篙在工作人員合力豎立之後，並在翌日舉行三獻禮，通「燈篙疏」，科儀由廟道長主壇。

在七月十四日舉行牽車藏儀式，「牽車藏」又稱「轉車藏」，即透過轉動之「車藏」來超渡死難之先人。牽車藏包括水車藏和血車藏兩類，前者是指死於溺水者，也包括墜機於海面者；而後者指難產、車禍、因公殉職、開刀、械鬥互砍、槍殺等狀態死亡者。水車藏為白色，血車藏為紅色，以竹篾紙糊，上下共三層，三層有具保結狀之人，由下而上分別為各廟宇董事長、副董事長及道長或地方父母官。

車藏上有牛爺、馬爺、仙官、使女及渡船形象，層層帶引亡魂超昇生方仙界。

牽車藏法會行事，依例在上午十時起鼓，其次為發表、請神、召請孤魂、拜懺（《太上靈寶滅罪水懺》上、中、下三卷），下午四點起車藏、跑赦馬（請赦官頒發赦書給亡魂），晚上七時進行倒車藏。起車藏時奉迎「車藏腳媽」（傳說為宋代狸貓換太子的殉難宮女寇珠）於道場安座，而家屬則會帶著衣服、鞋子、庫錢等來準備燒化給亡者於陰間使用。道長於起車藏時會說：「腳踏金雞籠，手扶香蕉欉，起來換衫換褲櫬像人。」用以提醒亡者換穿新的衣裳，以超昇生方或仙界。

中元節當天，各地延請誦經團，由出家眾弟子舉行一天的盂蘭盆會。法會的程序由早上的八點半開始，法師以法水藉佛、菩薩之力清靜道場；所設的超薦牌位有：「歷次重修諸位先賢」、「各姓門中先遠歷代宗親暨累劫免親債主」、「同邑義勇壯士為本宮械鬥犧牲先烈。」

之後接著進行「水懺」（《慈悲三味水懺》共三卷，持續到下午，四點起行「瑜昌焰口施食」），由大詮法師率弟子主持瑜咖焰口，三位法師以上師身份升座，解除墮入餓鬼道眾生焰口之苦，並對孤幽講義法，希望它們聽聞懺，早日了悟，以超脫六道輪迴之苦。

七月三十—地藏王菩薩涅槃日關鬼門

地藏王菩薩生在農曆七月十五日，九十九年後在七月三十日入滅，佛門弟子在其身後定七月三十日為地藏王菩薩涅槃日，要舉辦地藏法會。

據說地藏王菩薩得道之前是新羅國的王子，叫金喬覺，長得體壯魁偉，異骨異相，頂聳骨奇，入佛門後號地藏比丘。唐高宗時，他從海路來到中國，在九華山結廬修行。盛唐開元二十六年（一七三九）七月三十日，地藏比丘在此入滅，活了九十九歲。他死後，肉身不壞，以金身入塔，築成所謂肉身塔。

七月三十日，此日為「關鬼門」的日子，又名「謝燈腳」，無祀孤魂經一月之供養，均已豐衣足食，應在本日子初一律返回冥府。各寺廟撤去燈篙，並舉行祀禮，如基隆有名的關鬼門活動。農曆七月寺廟常見儀式有：

一、孤棚

寺廟在舉辦普渡大會時會建一個「孤棚」，棚子裡排滿粿飯和供品。

二、搶孤

就是當儀示完成後，大家衝上前去搶剩下的供品。傳說只要搶到供品，一年之中都會很幸運。

三、搶旗

就是搶高掛在孤棚竹竿頂端的紅色小旗；這枝旗被視為航海人在海上的護身符，能保佑他們平安歸來。

四、放水燈

放燈的意思，是給水裡的鬼魂照路，以免他們迷路。

五、燒化

就是把紙錢和紙做的衣服、用品等燒掉，給祖先的亡魂使用。俗語話「燒包袱」。每一個包袱上要寫好物品數量和收件亡魂的姓名，也就是七代祖先的名字。

農曆八月—拜月、賞月、走月亮、摸秋、催婚緣

八月初三—灶神誕辰

灶神俗稱「灶君」，又稱為「司命真君」、「灶君公」、「護宅天尊」、「灶君爺」或「灶王」，其全銜是「東廚司命九靈元王定福神君」。中國北方稱他為「灶王爺」，也就是廚房之神。

中國自古就非常重視祭祀灶神，灶神也是玉皇上帝派遣到人間糾察每戶人家善惡之職的官。農曆十二月二十四日就是灶神離開人間，回天向玉皇上帝稟報一家人這一年來所做所為。台灣主祭灶神的廟不多見，宜蘭五結有一座「灶君堂」，新竹北埔五指山邊也有一座「灶君堂」。

八月十五—中秋開運納吉

中秋是團圓的節日，團圓的信念發生甚早，大多又和月亮相關。宋代詞人蘇軾就留下了「人有悲歡離合，月有陰晴圓缺，此事古難全；但願人長久，千里共嬋娟。」的名句。到明代，文獻開始有「團圓節」的記載。《西湖遊覽誌餘》說：「八月十五日謂之中秋，民間以月餅相遺，取團圓之義。」而拜月、賞月、走月亮、求子、求姻緣、求財、求官等各項民俗活動，貫穿於團圓信念。不管農民曆記載吉凶與否，而民俗節日造命是用全民喜悅力量來祈求、造命，達到自己的願望，當天求子、求婚姻、求財皆十分有效。而拜月、賞月、走月亮、摸秋、催婚緣的習俗自然流傳至今。

一、求子

若想求子的夫妻，最好利用中秋節當天早上尋找觀音送子或註生娘娘廟朝拜。台北市成都路天后宮及龍山寺內皆有此神明，也可在此時將觀音送子、張仙送子、麒麟送子、榴開百子圖像掛在臥房的牆壁上，由娘家親友準備一個葫蘆及一包棗子帶回來，棗子須與蓮子煮甜，當晚夫妻一同進食，葫蘆則用紅色線纏住掛在臥房內。當天下午一點至下午三點，最好找一親友，送一個大南瓜或冬瓜，用紅紙纏一圈，直接送到不孕者臥房內，最少擺放廿八天才會有效。

二、拜月

十五夜晚，在陽台及院子裡設香案，案上放著柚子、月餅、燭台、香爐、清茶，來敬奉太陰娘娘，祈求姻緣早現，自古就有拜月風俗，在台北市內湖區碧山路二號，供奉太陰娘娘，每年八月十四～十六有舉行法會、素宴供信眾食用。

三、土地公廟祈求財運

土地公是各社區財神爺，八月十五當天也是土地公生日，祈求土地公保佑，台北縣烘爐地有一座全台最大土地公廟，廟中供奉福德正神，其中有一個小香爐，內有許多十元、五十元硬幣，當天跟土地公借發財本，來年賺錢再還，類似乞龜活動，順便把招財符過香火，相信會為個人帶來不少財運。拜拜時用「米粉芋」代表有「好頭路」；拜「狀元餅」即「月餅」。

四、求考運

八月桂花香，桂花香與「貴」、「發」相同，能在此日窗前種一棵桂花，淡淡花香帶來貴氣，此時白柚盛產，白柚放在書桌及臥房內，散發出芬多精，讓莘莘學子讀書頭腦清醒，睡眠短，增加學習能力。白柚最好是單數（陽數）。

五、走月亮

《清喜錄》記云：「中秋月夜、婦女盛妝出遊，互相往還、或隨喜尼廟、雞聲喔喔、猶波娑月下，謂『走月亮』」

民俗節日造命，一年有三大節日可出行：元旦、元宵、中秋三大節日，出行以穿紅色上衣為佳，身上配帶吉祥符或飾品。為了讓心願達成，在出行前，最好相約一個定點，人數在百人以上，開始時要先默禱，向上天諸神敬告自已為某某人？今年虛歲？家住哪裡？欲求什麼願望（切記只能求一個願望）？完畢後，開始往前走，行走時，切記不可講話，一直到目的地才可開口。

◆民國九十三到～一〇〇年中秋夜出行吉方與吉時

年	吉時	吉方	吉時	吉方
93年（西元2004）	17—19	北	21—23	南
94年（西元2005）	19—21	東北	21—23	南
95年（西元2006）	17—19	東南	21—23	東北
96年（西元2007）	17—19	西	21—23	西
97年（西元2008）	19—21	東北	21—23	西
98年（西元2009）	19—21	東	21—23	南
99年（西元2010）	19—21	西北	21—23	北
100年（西元2011）	19—21	東	17—19	北

八月十五—月下老人（太陰星君）聖誕

城隍古代神話中守護城池的神，後來成為祈雨鎮災、翦惡除凶、護國保邦管理亡魂之神，神性正直，掌管陰陽兩界，彰顯善良懲罰惡徒，深得民眾敬仰和信奉。《禮記》禮運篇記載：「天子大腊八，水庸居第七」，意思是說天子每年歲末要祭祀八位神祇，第七位祭祀的是城隍，故最初僅天子可以祭拜城皆。城皆塑像供人膜拜，始於三國時代的吳國。

台灣有名的霞海城隍廟位於台北市迪化街，是內政部核定的三級古蹟，西元一八二一年，一百餘名同安人渡海來台，奉載霞海城隍金身同行，來台初期，安置於艋舺，一八五三年，艋舺發生「頂下郊拚」械鬥，被打敗的同安人帶著他們信仰的霞海城隍爺來到大稻埕，遷徒途中林辔氏等為護衛神祇金身，犧牲三十八位義勇壯丁，後供奉於城隍廟，名為義勇公。城隍爺隨著移居大稻埕的同安人日多，香火漸盛，認為將霞海城隍爺置於其狹隘的店中，有瀆神威，建議同安鄉親共同籌資重建廟宇，一八五六年興建，一八五九年三月十八日落成。

台北霞海城隍廟奉祀霞海城隍爺，城隍夫人、八司官、文、武判官、謝將軍（七爺）、范將軍（八爺）、八將、馬使爺、義勇公及月下老人等。

廟中奉祀有「月下老人」，每天都有許多單身男女來求姻緣早現，且湊成多位男女，拜月下老人的供品廟中有販賣，別忘了祈求完畢，要向月下老人索取紅線，代表祈求姻緣早顯。

▲月下老人

農曆九月——重陽節，登高敬老

九月初九——重陽節

農曆九月九日，俗稱「重九」，因為兩九相重，所以重九又叫「重陽」。「長久」的意思，為何要選在九月九日登高呢？其一是和天氣有關，認為「重九」是「一陽登勤」的日子，當日地氣上升，天氣下降，古人為免接解「不正之氣」，所以才登高以避邪氣。傳統的觀念裡「九」是「數之極」，由一數到九，又得回到一，是個由盛轉衰，物極必反的不吉利數字，九九更是大大不吉，所以中國人相信「重陽節」這天會有災厄降臨。

至於登高的另一說法是，相傳東漢時代汝南縣有個名叫桓景的人，他的師傅告訴他，九月九日你家會有災難，要他趕快回家，並叫家人做絳囊盛茱萸繫在背上，然後登高山、飲菊酒，此禍可消。桓景尊照他的指示，舉家登高，傍晚時分，回到家裡一看，雞、犬、牛、羊全部死亡，原來家中家畜代替桓景一家人遭災。

但是後人奉行故事漸失原意，遂變成「敬老節」各地舉行敬老大會。當日祭祀須準備的供品如下：

一、重陽糕

重陽節的另一項習俗是食糕，又稱「重陽糕」，或「花糕」，因為「糕」與「高」同音，而有步步高昇，前途光明的意思，過去重陽糕不僅自家食用，還會饋贈親友，稱「送糕」；又請出嫁的女兒回家吃糕，稱「迎寧」。

二、山茱萸

當天有山茱萸（一種中藥）男吃十八顆（雙九）、女吃九顆（單九）拌酒喝，酒者久也。也可吃柿子，取意事事如意。

▲重陽糕（左）、山茱萸（右）

九月初九—斗姆星君誕辰

農曆的九月九日，斗姆星君簡稱斗姆，按道教的說法，她是眾星之母，地位較高。道教的《北斗本生真經》中記載，在遠古的一個國家，國王周御王聖德無邊，他的妃子「紫光夫人」也賢慧聰敏。一年春天，紫光夫人在蓮池中感生九子，其中老大勾陳星後來成為天皇大帝（四天帝之一），老二北極星為紫微大帝（也是四天帝之一），其餘的是北斗七星，其中包括北斗星、文曲星、武曲星。因為生有眾子的功勞，紫光夫人被封為「北斗九真聖德天后」，又稱斗姆。斗姆星君金身的形象一般是「額生三日，肩扛四頭，左右各四條長臂，正中兩手合掌，其餘分別執有日、月、寶鈴、金印、弓、戟等。」民間認為，只要誠心禮拜斗姆，念誦其名號，就能消災免禍，延壽獲福。

農曆九月九日是斗姆星君的誕辰，這一天，民間多吃齋茹素，稱「九皇齋」、「九皇素」。九皇齋不只一天，一般是八月晦或九月朔到九月九日或十日。期間除吃素外還禁止屠宰，碰到婚娶之事也只能辦素席。台灣地區齋九天外，到宮觀中拜斗，即在盛米的斗上插銅鏡、古劍、小秤、剪刀、尺、紙刻的紅傘蓋、燈盞等。

農曆十月─送寒衣，表孝心

十月初一─鬼節日

中國有三大鬼節皆與祖先有關，清明、七月半、十月一日。清明節，冬去春來，雜草叢生，整理墳塋正是時候；七月半天氣酷熱，全國各大鄉里寺廟都在進行普渡活動，此時江湖海之水正適合放河燈照冥拯孤；十月一日天氣漸寒，正需加添冬衣，送寒衣正是時候。

所謂「寒衣」，大多是五色彩紙剪成，新喪之家則送白紙寒衣。古書記載清代此俗：「十月朔燒紙於門外，曰燒寒衣。紙錢銀錠作大封套，上寫其祖先某某收訴。」《地方史誌》記現代此俗更詳：「十月初一日，謂之『鬼節日』各家祭掃祖

▲寒衣

塋；並以五色紙剪製衣褲，用紙袱盛之，上書祖先名號，下書年月日、後裔某某謹奉，照式製若干份，焚於墓前，或焚在門前，取其子孫為先祖添衣之意。」

在十月一日黃昏時在門口祭拜祖先，為祖先添衣服以表孝心，古書記載至清代以前就有十月初一日燒寒衣活動，最好用紅紙大信封上書祖先名號，「○省○縣○人氏」，下書「年月日，陽上後裔某某人謹奉」。民間舊有習俗，為的是命運會更好，如果十月初一在門口燒紙衣，一方面盡孝道，另一方面祖先過的好，相對會庇佑子孫。

農曆十一月—祭冬添歲，吃湯圓

十一月中—冬至，祭冬添歲

二十四節令的流行，先民對氣候之變化。所稱之節令，計有立春、雨水、驚蟄、春分、清明穀雨、立夏、小滿、芒種、夏至、小暑、大暑、立秋、處暑、白露、秋分、寒露、霜降、立冬、小雪、大雪、冬至、小寒、大寒等廿四個。

一年又分為春、夏、秋、冬四季，每一個季節各有三個月，每一季有六個節令，如春季有立春、雨水、驚蟄、春分、清明、穀雨等。

因為我國位居北半球的地帶，以致每年在陽曆十二月二十二日左右，太陽直射到南半球之二十三度半的地帶，亦即所謂「南回歸線」、或稱「冬至線」。為此，我國每年的冬至往往在十二月二十二日，或二十三日，冬至後夜長晝短。解釋冬至，謂「大雪後十五日，斗指子，為冬至，十一月中（夏曆）。陰極而陽至，日南至，漸長至也。」、「十一月中，終藏之氣，至此而極也。」

自漢代以來，歷代冬至做節，都舉行「祭天」、「祭神」、「拜祖」、「賀冬」等等的行事。冬至那一天，各家都要做湯圓，祭神祭祖叫做「祭冬」。冬至當天全家團圓，吃湯圓叫做」添歲」。

民間常以冬至當天的天氣好壞，作為推測明年大年初一的氣候，俗諺：「冬至在月頭，要冷在年底；冬至在月尾，要冷在正月；冬至在月中，是暖冬；冬至天氣晴，大年初一定下雨」。至於冬至拜拜須準備的物品與方法如下：

一、準備物品

1. 三碗湯圓（每碗放九粒白色、三粒紅色）。
2. 水果一種或三種（選有吉祥籲意的水果，如蘋果橘子）。
3. 拜玉皇大帝五色金（天金、尺金、頂極金、太極金、甲馬）、土地公金。
4. 家中如有下列物品可取出續氣—吉祥圖（用紅紙包好）、五毒扇、羅盤。

二、方法

1. 將供品備妥。
2. 吉時（下午十四時四十四分至十四時五十分，太早太晚均無效）上香（三支）。
3. 口唸「信女○○○初生日恭請玉皇大帝降臨，○○○地址祈求平安順利」等語。
4. 香燒中途可將吉祥圖（用紅紙包好）、五毒扇，與羅盤過香爐（左三圈右三圈）後放置於旁續氣，待香燒至三分之一後再燒五色金（天金、尺金、頂極金、太金、甲馬）、土地公金。

三、冬至當日須進行的活動

1. 餉耗：冬至需祭「五祀」，五祀是指「戶、灶、廳、門、井」之神，在門扇上黏糯米粉丸代表餉虛耗。
2. 冬至造命：冬至當天，家家戶戶拜拜、祭祖，其實在陰陽家（命理學、擇日學）的觀念是錯的，今為每年冬至時間都不一定，應該以農民曆記載今年冬至是幾點幾分再舉行拜拜；陰陽家認為冬至當天陽氣起，如果在此時祭拜可接正陽氣，此時家中焚香，門戶大開，讓陽氣進入家中，最佳時刻。

在風水學中，有吉祥物如牡丹花、龍、招財貓、花瓶、七寶石、石頭等皆可招財，又如羅盤、刀、劍、八卦鏡可制煞物，皆可利用此時來聚氣。有許多人認為我家中已經請了風水師看過以前一切平安，為什麼一年不如一年，所有的吉祥物皆會退氣，唯有冬至當天才可借天地之正陽氣開光。

▲羅盤、刀、劍、八卦劍

◆民國九十三到九十八年冬至造命吉時

年	吉時	年	吉時
93年（西元2004）12月21日	晚上8時33分	94年（西元2005）12月22日	凌晨2時22分
95年（西元2006）12月22日	早上8時13分	96年（西元2007）12月22日	下午2時2分
97年（西元2008）12月21日	晚上7時51分	98年（西元2009）12月22日	凌晨1時40分

農曆十二月─臘月、送神、忙年

十二月初八─臘八

農曆十二月，習俗叫做「臘月」，說到臘就是祭祖先，在早期農業社會每到農曆十二月天寒地凍不適合農耕，日子比較空閒，為了祈求來年五穀豐收，因此如台灣山地部落舉行豐年祭，感謝諸多神靈的幫忙，讓風調雨順並祈求永遠避免厄運、驅除不祥，因此要大拜拜。古時候食物取得大多是到山中打「獵」，取得獵物拜拜，拜完一時吃不完，只好抹上鹽，將之風乾，留著慢慢吃，所以叫做臘味。

農曆十二月第一個與佛教相關的日子「臘八」，十二月八日是釋迦牟尼成佛的一天。在南北朝以後風行寺廟中用胡桃、松子、柿、栗等煮成五味粥或七寶粥來供佛，然後分送信眾。到宋朝以後，民間也學著以五穀果品製粥，名叫臘八粥。

十二月十六—尾牙

陰曆十二月十六日稱「尾牙」，尾牙當天各工商企業，常在此日舉行大型宴客，有摸彩活動，而當景氣不好時，餐桌上雞頭朝向何處，作為其人去留的表示。

尾牙當天，人民及商家感謝土地公保佑，希望新的一年大發利市，因此要用豐盛的供品來祭祀，牲禮用雄雞（雄雞）象徵生意昌盛之意，當天下午三點祭地基主，感謝居家大小平安。

尾牙當天市場中可見「刈包」及「潤餅」，刈包又稱「割包」，形如張口老虎，咬住一塊五花肉又香嫩形狀像似錢包，象徵發財之意；潤餅則意味闔家歡樂，財富滾滾而來。

十二月二十三、二十四——送神

相傳送神日，北方和官方習慣二十三日深夜送神，南方人則習慣二十四日早上送神到次年的一月初四日，並說：送神是愈早愈好，接神是愈慢愈好，即「送神早，接神遲」。送神當天最好起風，接神當天最好下雨。

二十四日亦有灶君傳說。相傳灶君是玉帝的第三太子，看來斯文，可是生來好色、行為不檢，因此玉帝大怒，把他貶下凡間為灶君。不料，他日夜和婦女們相對，卻很謹慎，並沒發生什麼醜聞，玉帝大喜，就命令他留在凡間，稽查人們的善惡，每年上天一次向玉帝報告，由玉帝制定人們應得的禍福。後人又誤解「灶神」，會上天奏明人們的罪狀，更加畏懼灶神，每年灶神上天述職之時，人們就用種種方法來媚神或封閉灶神的嘴，以祈不要在天帝之前，奏說自己的壞事。

因此送灶神時，不可少的供品有：酒、麥芽糖、甜食，希望能可以甜甜灶神的嘴，以求「上天言好事，回宮降吉祥。」十二月二十四日諸神昇天後，才可以開始大掃除。

十二月二十九（三十）－除夕

將五十元的硬幣二十四個（代表一年二十四節氣）放在神桌上，每放一個硬幣口中喊「福祿壽喜，財源廣進」疊起來，最後放上一粒紅棗，以取今年早早發財之喜，此法又稱「壓桌錢」，到十六日才可撤除。

供桌上放供品，至新正月初五止始可撤除。必備供品如下：

1. 甜料：各式各樣糖果一碟。
2. 隔年飯：飯盛尖，上插「春仔花」一枚。「春」台語「剩」諧音，取意餘裕。
3. 隔年菜：供奉「長年菜」，意「有始有終」、「長長久久」、「今年平平安安」。
4. 柑橘：「柑」和「甘」字同音，「橘」和「吉」字同音，取「吉利」之意。

5. 粿類：

❶甜粿：用糯米磨粉拌糖蒸熟，意在表示喜慶。

❷菜頭粿：用硬米磨粉並加以削簽之蘿蔔絲混合蒸熟。菜頭諧音「采頭」即意好采頭的意思。

❸發粿：是用硬米磨粉，加酵母蒸熟。「發粿」是要經過醱酵的，即表示發達、發展之意。祭祀以甜粿祭在底層，發粿排上層，上插春花。

除夕當天需拜地基主，恭迎灶神返家及拜床母。此外，除夕當天尚有以下活動必須進行：

一、跳火盆

自古吃過年夜飯，先把稻草堆在庭中，把稻草燃起來，依長幼次序跨越而過，如今工商社會，如何取得稻草，唯有木炭比較好取得，除夕當晚家中一家大小吃過年夜飯以後一起「跳火盆」，在習俗上跨越火盆時要一邊跳，一邊口中唸唸有詞

「跳火盆，飼豬較大船；過火氣，百般都不畏。」、「跳得過，富不退」、「跳火城，輸輸爭到贏，跳火群，亂糝都準。」或唸「新年較好舊年。」

二、貼春聯

「春聯」起源於古代「桃符」、「桃板」、「桃苅」演變而成，古代最早「桃板」是避邪用品，在大陸雲南省依舊看的見，後來改用紅紙書寫吉祥話，在此需注意。貼春聯於門，守孝未滿三年者，死男仕用青色紙。死女子用黃色紙。

參 從根治本，改變運氣

求姻緣、求子嗣

求對方法，「姻緣」天定
慎重「文定」，婚事順利
依禮「嫁娶」，家合事興
栽花換斗，「求子」必中

求功名、求改運

坐文昌位，「功名」加倍
安對「神位」，家安宅吉
「乞龜拜斗」，祈福加運

求平安、去邪祟

八家將，祛邪祟
燒王船，求順遂
安太歲，保平安

求對方法，「姻緣」天定

現代人忙於工作，很多人到了適婚年齡卻始終找不到合適的另一半，其實，不管工商業如何發達，相親結婚還是最快、成功率又高的方法。單身男女想要提高遇到有緣人的機率，不妨試試以下方法：

一、在臥室吉方插花

在臥房的「紅鸞」、「天喜」或「喜氣方」，放上一盆花來求姻緣。此外，佛教中有傳說，每天在註生娘娘或送子觀音的面前供奉一朵花或水果；或者是在每個月十五，月圓時去求姻緣的效果也不錯。

◆求婚緣插花吉方

年	紅鸞	天喜	喜氣方
93	西南	東北	南
94	南	北	北
95	東南	西北	西北
96	東南	西北	西北
97	東南	西北	西北
98	東南	西北	西北
99	東南	西北	西北
100	東南	西北	西北

二、手戴繫紅線的戒指

買個戒指，找十對新人去摸那個戒指，摸完後的戒指戴在左手，並在戒指上繞紅色的線，讓這個戒指有喜氣，這樣比較容易有婚姻緣。

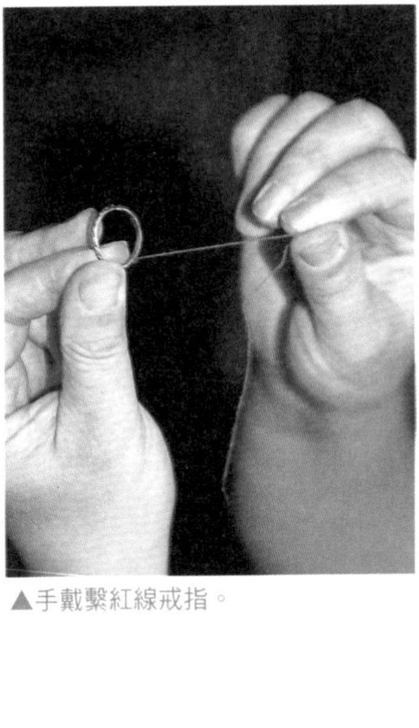
▲手戴繫紅線戒指。

三、面相中的夫妻宮常保光澤

在眉毛附近，也就是面相中的夫妻宮之處常擦面霜，保持光澤，這樣求婚姻比較容易。

四、在延年方放盆栽

在本命的延年方放置盆栽或燈泡，保持廿四小時不滅，催婚較易，異性緣也會較好。

◆本命延年方位表

名稱	方位	性別	出生年（民國）	延年方
命四西 宅四西	兌（西）	女	7 16 25 34 43 52 61 70 79 88 97	艮（東北）
	兌（西）	男	1 10 19 28 37 46 55 64 73 82 91	艮（東北）
	艮（東北）	女	7 16 25 34 43 52 61 70 79 88 97	兌（西）
	艮（東北）	女	1 10 19 28 37 46 55 64 73 82 91	兌（西）
	艮（東北）	男	7 16 25 34 43 52 61 70 79 88 97	兌（西）
	坤（西南）	女	1 10 19 28 37 46 55 64 73 82 91	乾（西北）
	坤（西南）	男	6 15 24 33 42 51 60 69 78 87 96	乾（西北）
	坤（西南）	男	3 12 21 30 39 48 57 66 75 84 93	乾（西北）
	乾（西北）	女	8 17 26 35 44 53 62 71 80 89 97	坤（西南）
	乾（西北）	男	2 11 20 29 38 47 56 65 74 83 92	坤（西南）
命四東 宅四東	巽（東南）	女	6 15 24 33 42 51 60 69 78 87 96	震（東）
	巽（東南）	男	4 13 22 31 40 49 58 67 76 85 94	震（東）
	震（東）	女	5 14 23 32 41 50 59 68 77 86 95	巽（東南）
	震（東）	男	5 14 23 32 41 50 59 68 77 86 95	巽（東南）
	離（南）	女	2 11 20 29 38 47 56 65 74 83 92	坎（北）
	離（南）	男	8 17 26 35 44 53 62 71 80 89 97	坎（北）
	坎（北）	女	3 12 21 30 39 48 57 66 75 84 93	離（南）
	坎（北）	男	7 16 25 34 43 52 61 70 79 88 97	離（南）

慎重「文定」，婚事順利

雖說訂婚在現行民法中尚不具效力，然而台灣民間大都仍對於訂婚這一傳統禮俗鄭而重之，畢竟婚姻不僅僅是兩個人的事，同時也是兩個家族的結合，透過訂婚的儀式，可以促進兩個家族間的初步認識。

一般透過媒妁的男女會先以「相親」方式彼此相個面，如果雙方都滿意，再由男方請媒人上女方家提親。

雙方在會談之後，先交換生辰八字，如：

男〇〇〇乾造〇年〇月〇日時建生

女〇〇〇坤造〇年〇月〇日時瑞生

男女兩家分別將八字放在自宅正廳神案的香爐之下三天，並燒香拜拜，在這三天中，家中若發生口角、竊盜或器物毀壞等事，就被認為是一種不祥之兆，若這三天家中很平安，即認為被神明保佑，是個好兆頭，可以進行婚事。另也有人將八字拿給算命先生算，看是否相合，若是兩人八字不合，那麼婚事就可能有問題。

進行至此若一切順利，則由媒人陪同男方父母親戚數人前往女方家，共商聘禮、喜餅、喜糖細節，並擇吉下聘。訂婚雖不若結婚般繁瑣，但訂婚時男女雙方均需準備若干禮品，並在訂婚當天備齊。其細項如下：

訂婚當天應備的禮品

一、男方應備的禮品

1. 聘金：

應為雙數，且用紅紙包裝妥當。一般可分為「大聘」及「小聘」，「大聘」通常用來顯示男方的面子，而「小聘」則為一般行聘。女方通常是收小聘退大聘。

2. 聘禮：

通常男方的聘禮可分簡單的六件禮或隆重的十二件禮，皆擺在俗稱「辦盤」之上，送至女方家。一般辦盤可向餅店租借。至於聘禮的多寡，應依個人預算安排，也可託媒人代為向女方家長請教。

六件禮包括：

❶大餅：即漢餅，依本省台南的習俗，嫁女兒吃大餅，大多以斤計算，當天男方扛大餅到女方家，數量越多越體面。

❷盒仔餅：即禮餅，大多以西餅為主，搭配小甜點。

❸米香餅：俗話說：「吃米香嫁好尪」。吃了米香餅，就能覓得一位好夫婿。

❹禮香、禮炮、禮燭：禮香用無骨透腳青；禮炮用大鞭炮和大火炮；至於禮燭則是成對的龍鳳喜燭。

❺米、糖仔路（萬字糖、八字糖）、福圓（龍眼乾）：米和糖是供女方做湯圓之用，取團圓、美滿之意；而福圓則代表新郎的眼睛，女方不能收，只能偷兩顆給新娘吃，表示自此看住新郎的眼睛，使他婚後不再看其他女孩子，除此之外亦有圓滿、多子多孫多興旺之意。

❻聘金、金器、布料：新娘的衣裙也由男方備妥，顏色以討喜的紅色為主，也

可以衣料替代，甚至於皮包、皮鞋等新娘從頭到腳的各項服飾配件。至於金飾部份，一般多由準婆婆打點，當作給媳婦的見面禮。婚禮當天新娘必須將它們全數戴上，以示尊重。

隆重的十二件禮則再增加：

❼四色糖：包括冬瓜糖、巧克力糖、冰糖、桔糖等象徵新人甜甜蜜蜜、白頭偕老。

❽豬：一般富貴的人家會以全豬、半豬代表，而普通人家則以一條豬腿聊表心意。女方會將此禮分切，饋贈給前來參加儀式的女方親友。

❾麵線：象徵著「美滿婚緣一線牽」，祝福新人福澤綿長、婚姻幸福、延年益壽。

❿酒：除了表示全年平安順遂，亦是為了敬女方家祖先。此外，女方家舅父兄弟也需要一瓶酒（夏天用啤酒，冬天用紹興酒）。

⓫閹雞、鴨母：表示婚姻永固、一片祥和。

⓬其他：如喜花、罐頭、禮品等。

3. 酒席禮：

視女方家款待男方家屬備辦的酒席約值多少，而以現款置於禮袋內給付。

4. 媒人禮若干：

比女方家稍多。

二、女方應備的禮品

1. 禮品若干。
2. 預備甜茶。
3. 甜湯圓、點心。
4. 酒席。
5. 贈與準新郎的禮6件或12件（帽子、領帶、衣料、袖釦、領夾、皮帶、鞋襪、手錶等）做為還禮之用。
6. 媒人禮若干。

訂婚當天的禮序及儀式

一、祭祖

男方在出發前往女方家之前要先上香祭告列祖列宗，將前往某地女家下聘，請祖先保佑這一段姻緣美滿幸福。

男方家同赴女方家的人數由六、十或十二人皆可，應避免四或八的人數。此即貢禮官及下聘人數應成雙，由男方家之年長親朋擔任，而納聘車隊一般為六輛車。

二、納采

男方納聘車隊到達女方家時，男方燃放鞭炮，女方亦應燃引連炮相迎，並由新娘兄弟一人替新郎開門，再端洗臉水讓新郎洗手，新郎應回以紅包答謝。而後，押箱先生將聘禮交予新娘父兄。

男方納采人群進入女家，此時媒人介紹雙方家長及親友互相認識，並講些吉祥話增添喜氣，而雙方親友也可以藉這個機會寒喧問候。

三、受聘

由女方敦請一位福壽雙全的長輩，在列祖列宗神祇前進行點燭、燃香、獻餅及獻禮之儀式，默禱預祝此女婚姻幸福。

然後，即由媒人擔任司儀，開始訂婚儀式：

1. 奉甜茶：

準新娘在媒人的陪同下，捧甜茶獻請前來納聘的男方親友，並由媒人一一加以介紹，男方親戚可藉機端詳新娘。

2. 壓茶甌：

甜茶飲畢，準新娘再捧出茶盤收杯子，男方來客此時應將紅包與茶杯同置於茶盤上，即俗稱「壓茶甌」。

3. 戴戒指：

▲文定儀式

由新郎取出繫有紅線的金戒、銅戒，套在新娘右手中指上，象徵永結同心，但通常在戴戒指時均故意將中指屈起，以免日後被對方吃定。

4.燃炮：

訂婚儀式進行至此，可謂大功告成，此時女方應燃放鞭炮，雙方家長互相道賀結成兒女親家，並將喜餅與親友共享。

5.訂婚喜宴：

訂婚儀式完成後，女方家設宴款待男方來客及媒人，宴畢男方應送紅包「壓桌」給女方，酒宴結束後，整個訂婚儀式也到尾聲。

6.回禮：

宴畢，男方應儘速離去不宜久留，女方應回贈男方幾項禮品，如新郎衣料、皮鞋等12件，亦讓男方攜回幾盒喜餅及禮香、禮燭、禮炮一份。同時，男方回家時絕不可互道再見，因為下聘之事不能再來第二回。

7.告祖禮：

男方回家後要行告祖禮，告知已完成行聘納采之禮，並將女方回敬的喜餅與親友分享。

依禮「嫁娶」，家和事興

延承古禮的傳統婚禮，為各種婚嫁禮儀中最複雜，卻也是別具意義的一種。但由於現代新人多數缺乏這方面知識，或時間上不允許，所以選擇以傳統婚禮為結婚方式的新人有逐年減少的趨勢。

傳統婚禮

一、婚禮前夕

婚禮前的準備工作即十分繁複，但是簡言之包括了：

1. 祭拜：

男方家在婚禮前一天要祭拜天地、祖先，告知有婚事將舉行。

2. 安慶禮：

依八字、房屋座向拜床母。

二、婚禮當天

1. 祭祖：

男方在出門迎娶新娘之前，應該先祭拜祖先。

2. 迎親：

迎親車隊以雙數為佳，尤以六的倍數最好。

3. 燃炮：

迎親禮車行列在途中，應一路燃放鞭炮以示慶賀。

4. 食姐妹桌：

新娘在出發結婚前，要與父母兄弟姐妹一起吃飯，表示離別，大家都要說吉祥話。

5. 請新郎：

禮車至女方家時，會有一男童持茶盤（上有瓜子、糖果）恭候新郎下車，應給予男孩紅包答禮，再進入女方家。

6. 討喜：

新郎與女方家人見面問侯之後，應持捧花給房中待嫁之新娘，此時，新娘的姐妹或女性好友要攔住新郎故意阻撓，不准其見到新娘，在經過新郎苦苦哀求後，女方可提出條件要新郎答應，通常在經過一番討價還價後都以九百九十九元紅包禮成交，意喻「長長久久」。

7. 蓋頭紗：

新郎給予捧花之後，應將頭紗放下，將新娘挽出大廳。

8. 拜別：

新郎與新娘上香祭祖，新娘應叩拜父母道別，而新郎僅鞠躬行禮即可。

9. 出門：

新娘應由一位福份高的女性長輩持竹篩或黑傘護其走至禮車，因為新娘當天的地位比誰都大，所以頭不能頂天見陽光。另一方面也希望能像這一位女性長輩一樣，過著幸福快樂的日子。

10. 禮車：

禮車上方懸綁一隻由根至葉的竹子，根上掛著蘿蔔，以示「有頭有尾」。禮車後方則有朱墨畫的八卦竹篩，用以驅逐路上之不祥。

11. 敬扇：

新娘上禮車前，由一名生肖吉祥之小男孩持扇「置於茶盤上」給新娘，新娘則回贈紅包答禮。

12. 不說再見：

當所有人要離開女方家門時，絕對不可向女方的家人說再見。

13. 潑水：

在新娘上禮車後，女方家長應將一碗清水、稻穀及白米潑向新娘，代表女兒已是潑出去的水，並祝女兒事事有成、有吃有穿。

14. 擲扇：

禮車起動後，新娘應將扇子丟到窗外，意謂不將壞性子帶到婆家去，擲扇後必須哭幾聲，且在禮車之後蓋竹篩以象徵繁榮。

15. 燃炮：

由女方家至男方家的途中一路燃放禮炮，車抵男方家門時，家人則燃放炮竹以慶賀告喜。

16. 摸橘子：

禮車抵達後，由一位帶著兩顆橘子的小孩來迎接新人，新娘要輕摸一下橘子，然後贈紅包答禮。這兩個橘子要留到晚上讓新娘親自來剝，意謂可招來長壽。

17. 牽新娘：

新娘由禮車走出時，應由男方一位有福氣之長輩持竹篩頂在新娘頭上，並扶持新娘進入大廳。

18. 忌踩門檻：

門檻代表門面，所以新人絕不可踩門檻，而應橫跨過去。

19. 過火盆、踩瓦片：

新娘進入大廳後，要跨過火盆，並踩碎瓦片。過火盆意謂去邪，踩碎瓦片則比喻過去時光如瓦之碎。

20. 敬茶：

男方家中之長輩將新娘介紹給家族中人認識，此儀式即是承認她成為家中的一員。

21. 拜天地：

新人一拜天地、二拜高堂、夫妻交拜，送入洞房。

22. 進洞房：

以竹篩覆床上，桌上置銅鏡以壓驚，新人一起坐在預先墊有新郎長褲的長椅上，謂兩人從此一心，並求日後生男。然後新郎揭開新娘頭紗，兩人合飲交杯酒。並共吃由黑棗、花生、桂圓、蓮子等物做成的甜湯，象徵早生貴子。

23. 觀禮、喜宴：

目前一般人均採取中西合璧式的婚禮，大都在晚上宴請客人時同時舉行觀禮儀式，在喜宴上，新娘可褪去新娘禮服換上晚宴服，至各桌敬酒。

24. 送客：

喜宴完畢後，新人立於餐廳門口送客，須端著盛香煙、喜糖之茶盤。

25. 吃茶：

一般宴客離去後，由男方家已婚親友喝新娘的甜茶、說吉祥話並贈紅包。

26. 鬧洞房：

雙方親友可藉故戲鬧新人，增添新婚喜氣。

【婚嫁禁忌】

1. 安床後到新婚夜前，要找一個未成年的男童和新娘一起睡在床上，因為傳統認為「睏空舖，不死尪，亦死某」，是個不吉的凶兆。
2. 結婚成親之日，新娘出門時嫂嫂不能相送，因為「嫂」與掃帚星的「掃」同音，不吉利。
3. 成親日，新娘離開娘時，大家要哭得越大聲越好，因為「哭發哭發，不哭不發」，若是不哭的話，反而犯了禁忌。
4. 新娘的衣服忌有口袋，以免帶走娘家財運。
5. 由於鮮花容易凋謝，故婚事應避諱，只有連招花和拓榴可以使用。因為前者的紅色花瓣開自葉心，其狀可以意喻閨女出嫁，誠待丈夫，後者則意喻多子多孫。
6. 在迎娶的途中，如果花轎和花轎相逢，便叫作「喜沖喜」，是會帶來不祥的，因此不妨由雙方媒人拿出事先預備的花來交換，即俗稱換花，據說這樣便能化解厄運。
7. 婚禮當天，任何人皆不可坐新床，而新娘更是不能躺下，以免一年到頭都病倒在床上。
8. 結婚後第三天，新娘夫婦攜帶禮品相偕同至女方家，即所謂的歸寧，但切記必須在當天日落之前趕回夫家，不能留在娘家過夜。萬一有特殊原因以致無法回家，夫妻就要分開睡以免新娘子蜜月的血光沖撞了娘家人。

飯店行禮

婚禮儀式因婚禮形式的不同而有異，目前許多新人因有感於傳統婚禮過於耗費時間，而公證結婚又會讓長輩稍嫌不夠體面，於是多採飯店宴客行禮的方式，這時，行禮地點就成為一項重要的因素。

要如何選擇一個同時滿足預算跟來賓的宴會場地呢？新人們應該要考慮下面幾點：

一、場地：飯店本身的地理位置與場地大小、格局。

二、價位：考慮價位時，要精確預估，開瓶費、服務加成費及其它零雜的費用，以免被貌似低廉的起桌費給吸引，最後發現嚴重超出預算。

三、菜色：當新人們拿到菜單時，千萬不要惑於菜名，應一一詳問清楚實際菜色內容為何，以免雙方認知有落差。

四、服務人員的專業性：是不是能夠有一整組專為新人做規劃的宴會承辦人員，對於整場婚宴能否圓圓滿滿也有莫大關係。由訂席前的溝通到整個時間、桌數洽談的過程，都是對於該飯店的挑戰。

【一般喜宴上的儀式】

1. 結婚典禮開始（奏樂同時鳴炮）
2. 男女來賓入席（就位）
3. 主婚人入席
4. 介紹人入席
5. 證婚人入席
6. 男女儐相引新郎新娘入席
7. 證婚人宣讀結婚證書
8. 新郎、新娘行結婚禮相對三鞠躬
9. 新郎、新娘交換飾物
10. 新郎用印
11. 新娘用印
12. 介紹人用印
13. 主婚人用印
14. 證婚人用印
15. 奏樂
16. 證婚人致訓詞
17. 介紹人致訓詞
18. 來賓致賀詞
19. 主婚人致謝詞
20. 新郎、新娘致謝詞
21. 證婚人退
22. 新郎、新娘謝介紹人一鞠躬
23. 介紹人退
24. 新郎、新娘謝主婚人一鞠躬
25. 主婚人退
26. 新郎、新娘謝來賓一鞠躬
27. 男女儐相引新郎、新娘進洞房
28. 禮成（奏樂同時鳴炮）

公證結婚

大體而言，公證結婚的程序與飯店行禮相似，但在經費及時間上可節省不少，雖不若飯店行禮般熱鬧，但別有一番莊嚴、神聖感。

辦理公證結婚的方式很簡便，首先需提前數日到各地法院公證處登記，除了平常日之外，星期例假日亦受理。公證前須先至服務台購買結婚申請書一份、結婚公證書四份、結婚證書英文譯本二份（如不需要者則免）、證書封套等。

其中，聲請書填好後即交由登記處登記，結婚證書及英文譯本則均由公證處打字，申請人不須自行填寫。

公證結婚登記時須攜帶的物品

1 結婚人雙方之國民身份證及印章。

2 證人兩人之國民身份證及印章（如證人身份證及印章於登記時未能攜帶，得於結婚當日補辦）。

3 未成年人結婚，應得法定代理人之同意，登記時請攜帶身份證及印章。

其實，無論選擇何種形式來公開許下一生的盟約，最重要的還在於雙方能不能在接下來的漫長歲月中互相體諒、互相尊重，所以隆重不一定就表示比較認真，簡單也有簡單的好處，畢竟，真心就是最好的祝福。

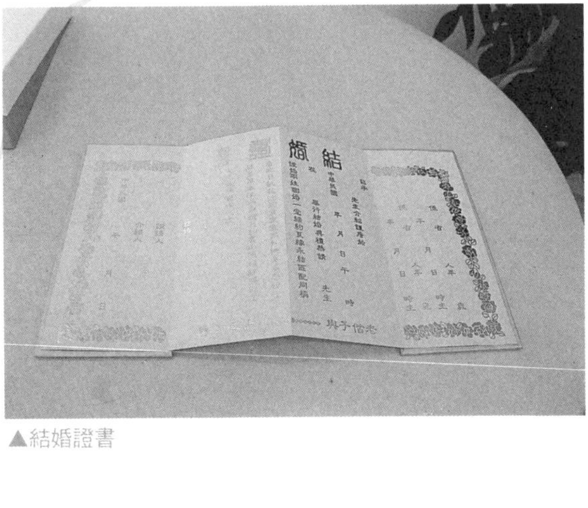

▲結婚證書

栽花換斗，「求子」必中

一、新婚求子

新婚前需由一個幼童生肖最好屬龍、蛇（小龍）的男童，在新床上翻滾，或者結婚當日請一位福壽雙全的老人家，手持五子（松子、瓜子、蓮子、白果子、棗子）邊講吉祥話，邊將五子往四方撒，以祈求多子多孫。

二、安新床求子

結婚多年不孕，很可能是結婚時在安床方位及安新房禮儀上有所漏失，以至婚後多年依舊無子，此時不妨找一位命理師選擇吉方位求子。在《陽宅學》中記載，結婚不孕，需以男士為主，求出「生氣方」、「延年方」來安床；然後要買新床及買新床單，再

▲大榕樹，祈求多子多孫。

擇吉日安床，安床之日需找一位多子多孫的女性到家中送「南（男）瓜」，以求生子平順。

三、榕樹結采求子

大榕樹枝繁葉茂，台灣民間傳說若想求子，須在榕樹的氣根上綁上一條紅布，由於榕樹氣根狀如男性生殖器，一株榕樹氣根無數，象徵著能生育百子千孫。

四、元宵節求子

元宵節求子，是客家人的習俗。相傳一對甫結婚的新人，在元宵節這天須帶著一只燈籠，前往土地公廟或廟宇向神祈求賜子，然後將燈籠懸掛於廟內，因為求子是求丁，「丁」與「燈」同音，取「求丁獻燈」之意，若順利得子，次年的元宵節還願時，必須帶兩個燈籠祭拜，以示繼續「求丁」之意。

五、中秋求子

尚未生育的婦女，也有在中秋節求子的習俗，方法是在中秋節的晚上，到別的果園中偷摘一顆瓜，摘到後抱回家去，據說這樣明年就可得子。

六、摸廟宇正門之門釘

一般傳統大型廟宇，其廟門有九九八十一顆門釘者，系為正陽門，摸之有多子、解厄之效。

七、栽花換斗

這是台灣特有的求生男孩的民俗造運法，如果某一婦女只生女孩，而一直未能生男孩，就在該婦女再度懷孕時，施行「栽花換斗」法術。「栽花換斗」所用的花是蓮招花（即美人蕉）或芙蓉花，因為蓮招花形狀像鳥形，在閩南語中意指男孩生殖器，其方法是請道士、法師「尪姨」（俗稱「紅姨」），或精於此道的術士，拿一盆蓮招花到孕婦臥房內，將之擺在床前，然後對著孕婦作法，作完後，將蓮招花拿到屋後栽種，切記須天天澆水，不可讓它枯死，如此即可將孕婦肚中的女孩轉為男孩。

採用芙蓉花（諧音扶陽，意為生男）者，則先將花拿到廟裡，供上牲禮香燭，由作法者讀敕文，孕婦在旁焚香、祈禱，然後將芙蓉花種回盆裡，回到家後，繼續在室內祈禱數日，然後把芙蓉花移植於院子中，如此就完成女變男的方法。

八、換肚

換肚，用意與「栽花換斗」相同，也是為想生男孩而設計。其作法是在孕婦產下女孩後十日內，煮公豬的小肚給產婦食用，如此下一胎即可生男。

【孕婦的禁忌】

1. 孕婦忌參加喜宴，不能吃喜宴上的食物、喜餅、喜糖等；亦不得碰觸新娘嫁奩的櫥櫃等，以防「喜沖喜」而使胎兒發生不測。
2. 孕婦在懷孕期間，若家中小叔、小姑嫁娶，不得上迎花轎，否則胎兒會受驚，新娘也會遭災殃。
3. 不動在孕婦房內動刀剪、縫衣服，恐刀剪針線刺傷胎神，產下畸形胎。
4. 孕婦忌移動床、櫥櫃，或搬家、修整房屋，否則易流產。
5. 孕婦不得觀看別人的喪葬行列、自家棺封釘及入土儀式；亦不得食用喪食物或使用喪家毛巾。
6. 孕婦忌他人拍肩膀，否則會流產。

坐文昌位，「功名」加倍

善用民俗節日造命，祈求文昌君庇佑，遷移書房、書桌為考運加分。農曆二月三日文昌君聖誕，當天可利用中午十二點前移動書桌或書房，考生能在文昌位讀書，可增加「定力」。搬好位置後，請切記文昌位的電燈最好能連亮三天，以增加「文昌旺氣」。書桌上放當天早上到文昌廟拜拜過的筆，以求文昌神助力考運，則「必～筆～中！」。或放些吉祥物，如有避邪作用的朱砂印泥、鎮宅平安的七寶石、文房四寶，或放一盆水栽植物。

以文昌來看，文昌有人文昌、宅文昌、流年文昌。而風水上注重的是宅文昌及流年文昌，八種陽宅各自有自己的一白、四綠方位，其位置如下：

▲魁星踢斗像，求拜有助考運

	四綠方（文昌方）	一白方（半文昌、文升官星）
坎宅（坐北朝南）	東北方	中宮
離宅（坐南朝北）	南方	西北方
震宅（坐東朝西）	西北方	東方
巽宅（坐東南朝西北）	中宮	西南方
乾宅（坐西北朝東南）	東方	南方
坤宅（坐西南朝東北）	西方	東南方
艮宅（坐東北朝西南）	北方	西方
兌宅（坐西朝東）	西南方	東北方

註：文昌方位做書桌，利於考；如果無法在文昌位讀書，也可在一白方設書桌。

◆民國九十三年～一〇〇年書桌吉方

年	吉方
93年（西元2004）	東南方、北方
94年（西元2005）	屋子中心點、西南方
95年（西元2006）	西北方、東方
96年（西元2007）	西方、東南方
97年（西元2008）	東北方、屋子中心點
98年（西元2009）	南方、西北方
99年（西元2010）	北方、西方
100年（西元2011）	西南方、東北方

此外，亦可在書房供奉魁星。相傳魁星是北斗七星之首，民間稱為魁星爺，是讀書人所供奉。魁星右手執筆，表示文采；右腳踩鰲魚，取意獨佔鰲頭、名列前茅；左腳往後舉起，謂之「起斗」領袖群倫。

如果年初就知道善用民俗造命，祈求文昌帝君讓自己的智慧早點開，利用文昌位來增強讀書運，算是一種造命法，那麼金榜題名的機會會增加很多，總比考前將准考證拿到文昌帝君前拜拜，臨時抱佛腳來得有效！

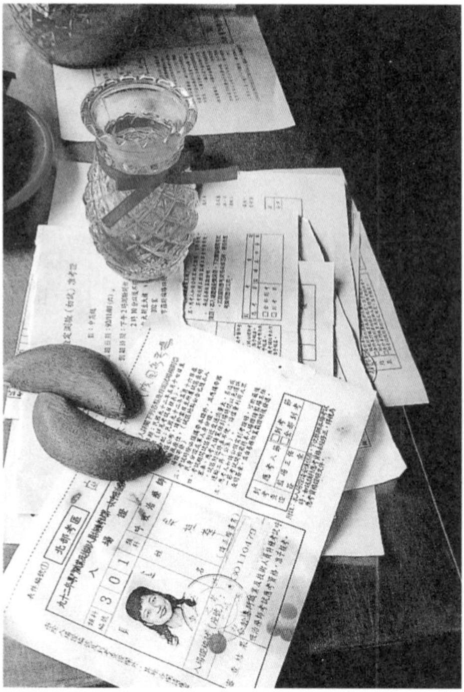
▲准考證影本供於神桌前。

安對「神位」，家安宅吉

所謂的安神位是指在家裡迎接並供奉神明的儀式，希望神明能保佑家宅常吉。如果神位安得不好，會使家宅不安，此事不可不慎。因此，安神位的步驟與注意事項也相當多，一一詳述如下：

一、擇日與方位

1. 擇日：

須考慮主事者的生肖來挑選，並有安香日。

2. 方位：

取當年大利之方向。若無大利之方向，宜用浮爐。「浮爐」乃爐下放一盤子不使爐直接接觸桌面。

◆民國九十三年～一〇〇年安神位的吉方

年	忌安神位方向：太歲	忌安神位方向：歲破	忌安神位方向：立黃方	大利安神位方向
93年（西元2004）（猴）	西西南	東東北	中宮	東西
94年（西元2005）（雞）	西	東	西北	南北
95年（西元2006）（狗）	西西北	東東南	西	東
96年（西元2007）（豬）	西北北	東南南	東北	南北
97年（西元2008）（鼠）	北	南	南	東西
98年（西元2009）（牛）	東北北	西南南	北	南
99年（西元2010）（虎）	東東北	西西南	西南	東西
100年（西元2011）（兔）	東	西	東	南北

二、供品器具

1. 供品：

備好五種水果（蕃石榴及蕃茄不可用），若有祖先須用三牲，並準備湯圓、發粿、清茶、鮮花。湯圓是團圓的意思，若拿來拜神明須以茶杯乘之，拜公媽則以碗乘之；供奉發粿則取意「發貴」，神位安好後，發粿宜放置神桌三天。

2. 神像：

標準高度一尺三寸或一尺八寸，宜用木雕，不可用瓷器、銅鑄、玉雕、象牙雕或畫像。木質有：樟木、檀木、檜木、沉木，請注意佛像雕刻要一體成型，不可用接合的，金身不可有裂痕。一般家庭常拜的神明有觀世音菩薩、關聖帝君、福德正神等，通常依自己的緣份供奉，神明供奉以單數為吉兆，即一、三、五尊。

3. 神桌：

標準高度必須合乎丁蘭尺（文公尺）的吉利尺寸。神位供奉在牆壁上者，原則上香火要高於人的眼睛。

4. 香爐：

宜用磁爐，銅爐次之，最忌大理石爐。

三、神位安置次序

1. 丈量確定吉利的高度→用刈金清理牆壁→釘架子→安神像圖→神燈→燭台→鮮花→香爐用壽金過火置寶（銅錢）→點三柱香、敬盞及清茶→五果→三杯湯圓→發粿等。

2. 爐面高度宜配合佛像肚臍為宜。若不夠高，下面墊壽金（壽金的第一張不可用，然後用紅紙包好墊在爐下方）。宜六寸瓷爐，主財氣也主男人事業，不可以高於神尊。

3. 爐內置寶，用一元銅版三枚。以正反正的方式放置，亦可放十二寶或五寶（金銀銅鐵錫）。祖先爐內不可放寶。

4. 神像宜擇吉日開光，開光所用之鏡子及筆宜固定於神像旁。

5. 一切準備齊全後，雙手過爐，喊：進進進，第三聲後將神像固定。

6. 安神後每日早晚一柱香，節日三柱香。

四、祖先牌位安置次序

1. 先放燈→然後放妥祖先牌位→燭台→敬盞→三牲→由內而外。

2. 祖先牌位不可高過神像，亦勿置於神爐前，因為其屬陰宜低宜退。神明香爐應高過於祖先香爐。祖先爐，宜採方型錫爐，主家規、主婦身體健康，也主庫位。

3. 若有兩姓牌位，主姓在左，副姓在右，祖先牌位上常具如：考、祖、高、太、始、遠、開基、壇、遙，宜用七寸紅絲線隔開爐中香，以免雙龍搶珠。（七寸約二十一公分）。

4. 祭祖時碗筷置多少以有幾位祖先定之。

5. 神桌上宜清潔不可放任何雜物。

6. 全部安好後每人點香七柱，並默念：「今天是農曆○年○月○日，吉日良辰，安神位大吉昌，佛光普照、鎮宅光明，保佑閤家平安，萬事如意。身體健康、貴人得助、財源滾滾，全家事業成功、鴻圖大展。祈求神明保佑家庭幸福，子女優秀、吉日良辰」。念畢，默禱許願一分鐘。

7. 香過三分之二後開始燒紙錢，依大壽金、壽金、刈金、土地公金順序燒之。

8. 安神位之日黃昏時宜拜地基主。拜法如下：

便菜飯、酒三杯、紅燭、碗筷、湯匙。紙錢用銀紙、巾衣。拜於廚房往客廳方向拜拜供桌需四十五度角放置，供桌不宜太高。

9. 神位安妥後，宜三天內點著香燭，若持續不斷為大吉。

10. 每年農曆十二月二十四日為送神，可以清爐，平時忌清爐。

11. 若搬家時，祖先牌位宜用「謝藍仔」下鋪刈金，擇「出火日」，宜在零點至五點前移出，忌見陽光宜帶黑色洋傘。

【安神位的注意事項】

1 用文公尺由地上量起，至適合高度，取其吉字安置。

2 左右亦須注意，左青龍右白虎，語謂「迫虎傷人」故虎邊不可太迫。由左邊量青龍邊有吉字即可。

3 神案正對面之景觀不可對電線桿、屋角、柱子、以及一切礙眼之物。

4 神案前之日光燈宜平行為吉。神案不可高過門檻。

5 在釘神案前，牆壁宜先用刈金清潔乾淨。

6 先安神位，後安祖先靈位。神位安置錯誤，家中男人不利，祖先牌位安置不好，家中女性不順。

7 墊香爐的紙錢，神明用壽金、祖先用刈金。

8 安神位宜備之紙錢有壽金、大壽金、刈金，及土地公金。

9 神像每年要清潔一次，於除夕當天早上清爐時，用手拜拜，並默唸：「請神明在旁邊等一下，弟子要清爐，清好後，再請您上神桌」。然後請下神明金身，用毛刷清去灰塵，檢查金身各部份看是否有裂痕或蟲蛀，如有則要重新選換金身。

10 神位明堂不可太狹促，勿位於屋中的正中央處，也勿置於宅之尖端角落處。神位不可安於樑下、臥房內；勿正沖馬路或巷道、不可看到反弓路、勿被屋角所射、不可向房門或廁所、勿置於樓梯之牆壁；神位背後之牆不可做為夫婦房、不可不牢靠、勿有動土、修造之事；神位前方勿置放鏡子與之對照。

「乞龜、拜斗」，祈福加運

一、乞龜

在各大神明誕辰祭日及「元宵節」時，各寺廟舉行盛大的迎神會稱之為「大龜會」，寺廟會製作許多紅龜或麵龜供人們乞求，意為善男信女添福壽之意。龜的種類繁多，有麵粉製的麵龜、麵線製的麵線龜、花生糖製的花生龜、用蛋蒸成的糕龜、用米包疊成的米包龜、用金錢疊成的金錢龜等。

乞龜的方式各處不一，有些廟備龜數百，只要得一聖杯者便可帶一隻回家與家人共食；有些廟僅有巨龜而無小龜，信徒乞龜時要

▲乞龜

在廟中登記，等到第二年必須還願。如果滿三年未還者，寺廟則會將他們的姓名以及所乞得的龜大小，公告於寺廟的牆壁上，民間俗稱「龜上壁」。

二、拜斗

自古以來一直流傳著「南斗註生，北斗註死」的說法。

拜斗源起於漢朝，據《北斗星君賜福真經》與《南斗星君延壽真經》內記載，太上老君於漢朝傳予張道凌張天師，於是張天師將此二經教世人誦唸以消業增福壽。

凡人受胎皆從南斗過北斗，每個人出生八字雖不同，分屬於北斗七星君所轄，稱之為「本命星君」，如果不知如何祈祀者，每人可以利用本命日祈求本命星君庇蔭保佑，在春、秋兩季，各廟皆有「拜斗」活動。

運勢低者，每月初一、十五面向北方禮佛，另隨身可攜帶北斗七星符：

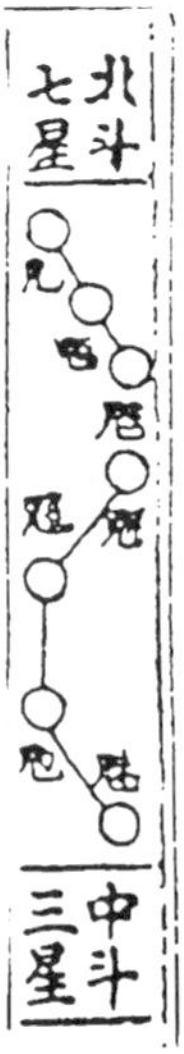

▲北斗七星符

三、元辰斗

祈安禮斗法會中，斗燈為最主要避邪祈福之物。《台灣風俗誌》中指出，斗燈乃「米斗盛米點燭，斗內由兩方斜插兩支木劍，中央置一面圓鏡及剪刀、尺、秤、英盤、錢、土等」並在桌前供牲禮祈福。

一般廟宇斗燈由油燈、米斗、斗燈傘以及安奉在斗米上的五種法器組成以符合五方五行之數，法器分別為：「斗光煥采大圓鏡」，以心鏡除去邪魔，返照本命大放光采；「青龍桃木七星劍」，以斬除不祥，護其身形；「朱雀鳳凰朝儀剪」，以斬斷葛藤，去除邪祟；「白虎戥點兩生秤」，以上合天心；「玄武天蓬大法尺」，取道尺以量深淺，領神兵鎮威。將米盛斗中，上插各種器物，點燃油盞長明而成的斗燈，主要乃寓借米與燈的功能。

自古以來，米為民間最普遍的避邪物，漢代以前更用米作為道教降神之物，斗中之米自然不脫上述兩種功能。斗燈依傳統採用屬陽火的油燈而非電燈泡，在祈安法會期間要維持斗中之燈長明不滅；含生生不息，煥采元辰之意。

至於圓形的米斗寓有大地載生萬物之意，斗中滿滿的白米象徵生命綿綿不絕，而斗燈傘，也稱彩傘或涼傘，象徵蒼天蘊育覆蓋萬物。斗燈及斗中法器蘊含奧妙的道理，引申在待人處事上，需秤知輕重、度量善惡，也即知悉人情義理，是非對錯分明。廣則寓意萬物調和，更需眾生互相關懷、彼此照顧，社會才會詳和之深刻涵義。

四、天赦日加運

天赦日可求玉皇大帝，對有重病者可求減輕病情，補運的必須用品：鳳梨燈七盞（七星燈）、可用水果（用吉利之蘋果、橘子等）、拜玉皇大帝五色金（天金、尺金、頂極金、太極金、甲馬）及土地公金。赦日補運的方法如下：

1. 補運法一：

❶將房間燈打亮，對外之落地門或窗打開。

❷香爐置供桌中前方，供品置中後方（如果家中供有神明可將供品放置於供桌上），左手邊放金紙，右手邊放鳳梨燈（放置時先點好後再依圖放置，燈不可

滅，燈滅代表改運無法完成）。

❸上香（三支）信女〇〇〇初生時辰恭請玉皇大帝降臨祈求平安等語。

❹燒香二小時不可斷，並可放三味水懺經錄音帶，燒金紙可在拜拜間二小時內或二小時後均可。

❺取燈時亦依原放置之順序取出後再熄燈。

2. 補運法二：

可到成都路天后宮內二樓玉皇大帝殿，或松山奉天宮等有玉皇大帝地方祈求。

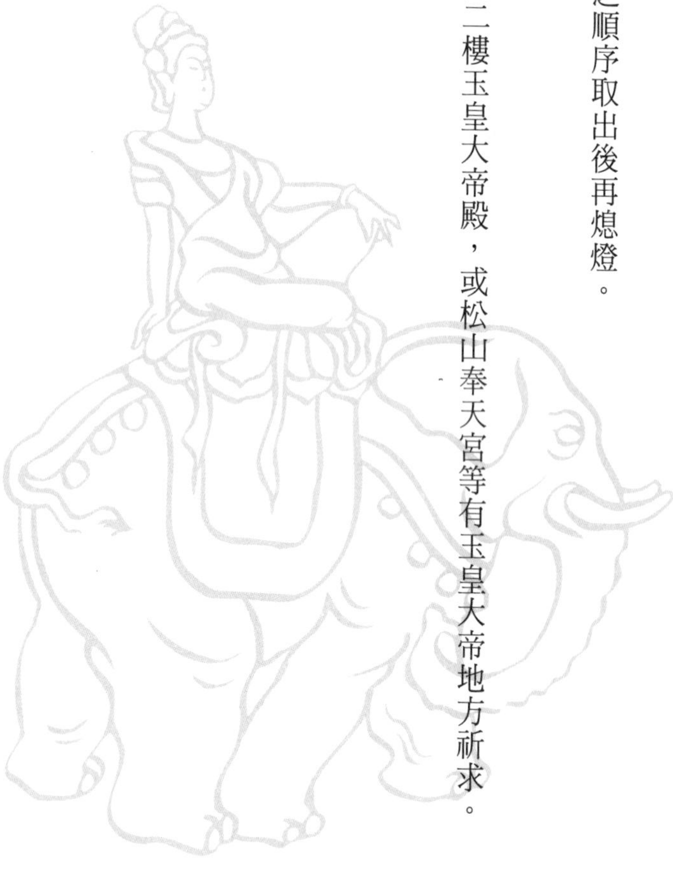

八家將，祛邪祟

在台灣的神明出巡的行列中，經常會看到一個十分搶眼的隊伍，其誇張的造型與所踩的神秘步伐，總是能吸引眾人的目光，這就是八家將，負責護衛出巡的神明。

一、八家將的組織

台灣所見的八家將團人數並不一定，有七人、八人、十人、十三人、甚至二十四人者。其中的角色如下：

1. 什役：

負責抬刑具者，走在家將團的最前端，所謂刑具有兩種形式，一為方形者（古代銬男性的刑具）；一為鯉魚形者（古代則用以銬女性），今什役所抬的刑具這兩種形式皆有。此外，刑具上除了主體之外，常掛有小型的刑具如：皮鞭（打身體）、皮鞋背（掌嘴）、手釘、腳釘、炮烙等，這些小型刑具撞擊後發出聲響，指揮八家將行動步驟。

2. 文差和武差：

走在什役後方，其職責大致上是文差負責接令，手執令牌；而武差負責傳令，手執令旗。兩人臉譜常見者為白紅花臉，身穿虎皮衣。

3. 甘將軍和柳將軍：

手持板批，穿露肩黑衣或青衣，甘將軍為紅黑陰陽臉，而柳將軍為白面黑章魚足形臉，和謝、范二將（七爺、八爺）合稱「前四班」，是家將團中的重要人物，主外勤巡捕的工作。

4. 謝將軍和范將軍：

謝、范二將即民間熟悉的七爺和八爺，謝將軍左手持羽扇右手持枷鎖或火籤，身穿白衣頭、戴白高帽，行白鶴拳，為大蝙蝠臉；而范將軍右手持方牌加鎖鏈，方牌上書「善惡分明」四字，左手持羽扇，身穿黑衣頭戴黑圓帽，行猴拳。此二將為家將團的重點，往往會由團中身段最好者扮演，故欲判斷一團八家將是否訓練有素，只要視其謝范二將的身段即可明瞭。

5.春夏秋冬四將：

屬性	服色	臉譜	所持器械	用途
春季	青色	龍面	木桶	犯人受刑過重昏厥時，可潑水使之醒來犯人受刑過重昏厥時，可潑水使之醒來
夏季	紅色	鳥面	火盆	用以炮烙
秋季	白色	虎面	金瓜錘	用以敲頭
冬季	黑色	蓮花面	蟒蛇	以逼嚇犯人說實話

6.文武判官：

文判官身著藍衣，右手持毛筆，左手持生死簿，主要職責在錄口供；武判官身著紅衣，手持鐧，主要職責在押解犯人，此二人為主神貼身的重要助手。

二、八家將陣法

陣法的傳授以往是以師徒相傳為主，一般八家將行進時以八字步（又稱虎步）為主，變換位置時以左右二人為一組，如文差對武差、甘將軍對柳將軍，依此類推。在變換時不斷的以「照面」（即以羽扇遮面且和對方相望的動作）的方式換位置，「前四班」加上「後四季」共八個人，也可將四門陣擴充為「八卦陣」，「八卦陣」目前尚存，但變化較多，如可變化為「內八卦」、「外八卦」、「龍虎八卦」等等。

在出陣前的三個月左右，就要在廟中練習，吃齋淨身，不可近女色，更不可抽煙賭博，每每在迎神廟會之時扮演，出巡當天會更加嚴苛，出巡當天只要臉譜一畫上就不可開口說話，也不可隨便蹲踞，要吃東西或飲水必須以扇掩面，更不可隨便脫離隊伍，或有嬉戲打鬧的情形。

八家將的器械和衣服要盡量避免被女性碰觸，出巡時分兩列前進，中間嚴格禁止有人穿過，除非是在為信徒改運，否則絕對禁止由其行列的中間穿走而過。

（本文部分內文參考自孔老師先生網站）

燒王船，求順遂

燒王船是東港聞名全省，三年一科的平安祭典（王船祭），由東隆宮主辦，曾有「北西港，南東港」之美譽，意指在全台王船祭的領域中，北以台南縣西港慶安宮最為有名，南則以東港東隆宮為最。

相傳溫府千歲姓溫名鴻字德修，生於隋煬帝大業五年（西元六〇九年）山東省濟南府歷城縣白馬巷人，適逢唐代貞觀年間，太宗李世民微服出遊，遇險困危，溫鴻捨身救駕有功，皇帝親賜進士出身，其時救駕者共三十六人，亦一併賜封進士。後三十六進士奉旨巡行天下時不幸在海上遇險，三十六人同時罹難，太宗痛失功臣，信其成神之說，追封「代天巡狩」，並建巨船，王船上御書「遊府吃府，遊縣吃縣」。

早期先民渡海來台，除了要面對險惡的黑水溝（台灣海峽）外，到了台灣還要遭受疾病流行之苦，在這種惡劣的環境下，只能將一切寄託於神明，期望藉由將不好之瘟神押解上王船，隨著代天巡狩的王爺和王船一起離開，能保全家平安，此一習俗就此傳承下來。

信眾每三年一科將奉玉旨的千歲爺由海邊接上岸，經由數天的繞境，希望代天巡狩的千歲爺能將地方上的不淨鬼怪收服，賜福百姓。數日後，代天巡狩的千歲爺總算要回天庭繳旨，為了表示地方百姓對千歲爺的感激和虔誠，而以建造華麗的王船做為千歲爺離開的交通工具。

由於「燒王船」是整個「平安祭典」中最不平安的儀式，千歲爺載著滿船數天來收服的鬼怪要回天庭繳玉旨，若因好奇前去觀望，則鬼怪可能會跟著人回去，這一點宜切記。（本文部分內文參考自孔老師先生網站）

▲燒王船

安太歲，保平安

什麼是安太歲？每年哪些生肖要安太歲呢？舉例來說：甲申年，值年太歲姓方名公（一曰名杰），屬猴，因此凡是猴年出生的人，都和太歲正沖；往下算六位，屬虎的人則與太歲對沖，正沖及對沖都算是犯太歲，必須安太歲或祭太歲。十二地支配合十二生肖，十二年一個循環，依此類推，每年都有兩個生肖的人必須安太歲，而每個人六年就要安一次太歲。

太歲之所以十二年一個循環，其實跟古代的天文曆法有關。大約在戰國時代，

▲安太歲

天文占星家就根據天象，發展出所謂「星歲紀年法」，星指「歲星」，歲指「太歲」v。歲星就是木星，古人把黃道附近一周天分為十二等分，由西向東分別命名為星紀、玄木、女敢訾等十二個名稱，稱為「十二星次」或「十二次」，類似西洋的黃道十二宮。歲星正好由西向東每十二年繞天一周，因此就用歲星在十二次的位置來紀年，如「歲在星紀」、「歲在玄木」等。

凡犯太歲者，當年須奉安太歲星君，其注意事項如下：

1. 太歲星君，可安奉在廳堂，與神佛、灶君神位同位或其他清淨之處。
2. 民間多於年初正月中或擇於農曆正月初九玉皇大帝壽辰時安奉。是時宜用清茶、四果、紅圓、麵線、香燭、太極金、天金、尺金、壽金，敬奉大吉、焚香禮拜，請太歲星君到此，安鎮闔家平安。（或是祈求工商倍利、五穀豐收、六畜興旺、萬事如意、財運亨通等）禱畢，燒金紙、放爆竹，儀式即完成。
3. 謝太歲於農曆十二月廿四日早晨，宜用香花、果品、清茶、壽金，拜謝太歲星君即萬事大吉。

◆歲君值年與十二生肖一覽表

生肖＼年別	子	丑	寅	卯	辰	巳	午	未	申	酉	戌	亥
鼠	太歲	病符	天狗	福德	白虎	龍德	歲破	死符	五鬼	太陰	喪門	太陽
牛	太陽	太歲	病符	天狗	福德	白虎	龍德	歲破	死符	五鬼	太陰	喪門
虎	喪門	太陽	太歲	病符	天狗	福德	白虎	龍德	歲破	死符	五鬼	太陰
兔	太陰	喪門	太陽	太歲	病符	天狗	福德	白虎	龍德	歲破	死符	五鬼
龍	五鬼	太陰	喪門	太陽	太歲	病符	天狗	福德	白虎	龍德	歲破	死符
蛇	死符	五鬼	太陰	喪門	太陽	太歲	病符	天狗	福德	白虎	龍德	歲破
馬	歲破	死符	五鬼	太陰	喪門	太陽	太歲	病符	天狗	福德	白虎	龍德
羊	龍德	歲破	死符	五鬼	太陰	喪門	太陽	太歲	病符	天狗	福德	白虎
猴	白虎	龍德	歲破	死符	五鬼	太陰	喪門	太陽	太歲	病符	天狗	福德
雞	福德	白虎	龍德	歲破	死符	五鬼	太陰	喪門	太陽	太歲	病符	天狗
狗	天狗	福德	白虎	龍德	歲破	死符	五鬼	太陰	喪門	太陽	太歲	病符
豬	病符	天狗	福德	白虎	龍德	歲破	死符	五鬼	太陰	喪門	太陽	太歲

例如：生肖屬鼠之人，子年犯太歲。

【各式奉安太歲星君符】

太陽符（又名天空符）

1. 畫符時間：十二月廿四日子時書寫太陽符，黃紙、硃砂字，劃十二道符。

2. 衝犯的情況：犯太陽者，易犯桃花，不聚財。每月廿七日太陽出來中午之前，準備太陽符、三支清香、壽金、刈金各一支，朝東方呼請太陽星君，若要當年掌權，將符帶在身上。
3. 助禱詞：弟子〇〇〇今年本宮犯天空，望請太陽星君，予以制化，進財順利，唸完燒掉。（畫符之前，齋戒二餐，沐浴）

喪門符

1. 畫符時間：齋戒陰曆十二月廿四日子時，書寫喪門符，黃紙、黑字。

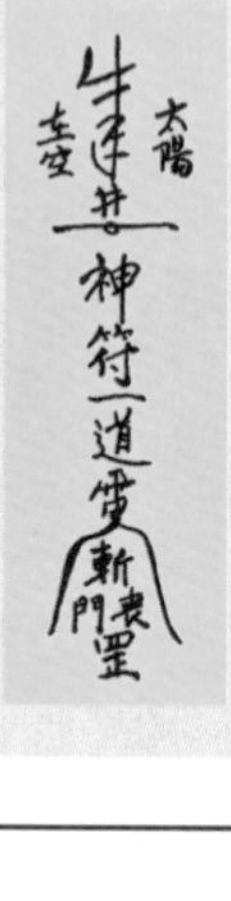

2. 衝犯的情況：犯喪門者，當年不利進出醫院及喪家，陰曆七月以前擇日制化。喪門可用喜事來制化，例如，結婚、生小孩。
3. 安奉方式：三支刈金、一支壽金，待三支香過半，符繞三圈，拿符在前胸畫三下，後背畫三下，連同符、刈金，壽金一起燒掉。口唸奉太上老君敕弟子犯喪門，請喪門星君予以制化。

太陰符

1. 畫符時間：陰曆十二月廿四日子時書寫太陰符，黃紙、朱字，劃十二道符。
2. 衝犯的情況：每月廿六日，太陽下山後，酉時，一支壽金、一支刈金、三支香，女孩子易找到對象，制化往西方拜。
3. 助禱詞：弟子〇〇〇今年本宮犯太陰，望請太陰星君，予以制化，進財順利，唸完燒掉。

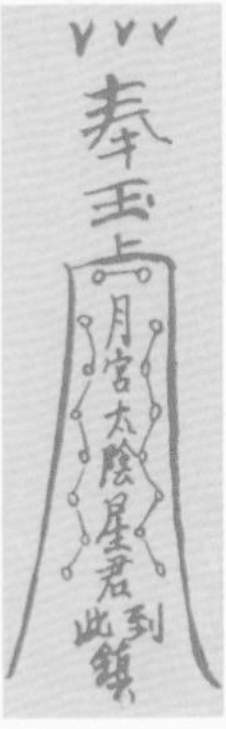

官符（又名五鬼符）

1. 畫符時間：陰曆十二月廿四日子時書寫官符，黃紙、黑字。
2. 衝犯的情況：陰曆二月初用符、銀紙加替身把官符制化掉。
3. 安奉方式：犯口舌、官司者在門口拜，呼請五鬼好事進來、壞事送出；備五碗飯、五杯酒、五支壽金、五支香，祭後酒倒在門口，飯也倒掉。

死符（又名小耗）

1. 畫符時間：陰曆十二月廿四日子時，黃紙、黑字書寫死符，正月初貼客廳，陰曆七月十五日前燒掉。
2. 衝犯的情況：不要參加喪禮，不要吃喪家食物。
3. 安奉方式：三支刈金、一支壽金、三支香、替身、符前三後四的畫身體，然後一起燒掉。

歲破符

1. 畫符時間：陰曆十二月廿四日子時，黃紙、黑字書寫歲破符。
2. 衝犯的情況：歲破，祭品同太歲一樣，朝歲破方拜，拜完之後，對折放入口袋，十二月廿四日送神時拜完燒掉。
3. 安奉方式：陰曆五月五日前制化。用歲破符加替身、刈金、壽金各一支。

龍德符

1. 畫符時間：陰曆十二月廿四日子時，黃紙、朱字書寫此符。
2. 衝犯的情況：龍德符可貼在客廳或放在身上。
3. 安奉方式：四月十八日，紫微大帝生日，當天制化，用刈金一支、壽金一支制化。
4. 助禱詞：每月初一，十五辰時向東方，拿三支香，唸弟子○○○，家住○○○，○○年次，今本命宮龍德，望紫微大帝予以賜福。

白虎符

1. 畫符時間：家中有異樣，如損人丁，血光時才劃此符制煞，黃紙、黑字。
2. 衝犯的情況：犯白虎者可在家中，中宮殺雞，制化白虎，或白虎方放雞的飾品。
3. 安奉方式：陰曆二月中旬前制化，用替身一個，二副小三牲（生：豆干，蛋、豬肉）二支銀紙（小銀），白色卡紙剪成一個人，開眼、耳、鼻、口、身，先畫好，用劍指開背後，寫上犯白虎者的名字，（必須擇日），黃紙黑書，朝外拜。

4. 把香、紙人、小三牲，帶到無人的叉路口，等香、金紙燒完後，東西放下趕快走，不能回頭，不能說話，用替身在身上前三後四，奉北極玄天上帝敕。

福德符（八月十五日子時、二月二日子時）

1. 畫符時間：陰曆十二月廿四日子時，書寫福德符，黃紙、朱字。
2. 衝犯的情況：當年生肖正巧福德臨者，書寫福德符，財運佳。二月初二、八月十五，向土地廟祈求財運。
3. 安奉方式：劃好符可放在存摺及金庫、珠寶箱內，做為招財用，存放期限在當年內有效。

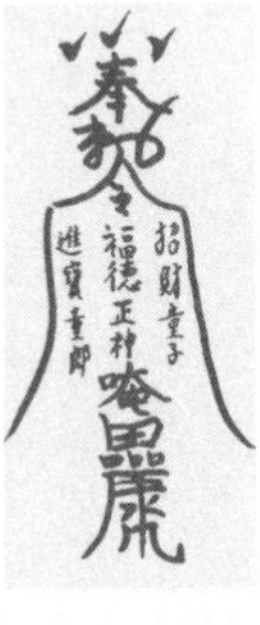

吊客符

1. 畫符時間：陰曆十二月廿四日子時，黃紙、黑字書寫。
2. 衝犯的情況：陰曆七月十五日前制化。
3. 安奉方式：替身、刈金、壽金，往當年天狗方向走六十步制化。

病符

1. 畫符時間：需要時才畫此符，黃紙、黑字。
2. 安奉方式：燒掉病符，配水一起喝掉，最好白天飲用，如果未喝完水可倒在花莆中，不可讓人踐踏此符，也可用三支壽金，三支香，陰陽水（先冷後熱），井華水（早上打井第一杯水），向病符方，燒金紙符燒完放入陰陽水，喝三口（一點）剩下倒掉。奉九天玄女敕，黃紙黑書，刈金是燒給兵將。

算命改運不求人

胡婕筠老師命理講座

十二生肖姓名學

教學內容：

1. 文字的結構、姓名的架構。
2. 姓名之大運運程分析。
3. 天地人論斷訊息解析。
4. 文字拆解。
5. 文字與生肖之互動關係。
6. 子、丑、寅、卯、辰、巳年出生之姓名吉凶概論。

愛情姓名學、磁場姓名學

教學內容：

一、初級班

1. 數字篇。
2. 五行生剋篇。
3. 如何找老闆（貴人方）。
4. 如何找合作夥伴。
5. 如何選職員（用人方）。
6. 人際關係相處之道。
7. 秘書篇－如何找到得力助手。
8. 探討財富。

二、高級班

1. 納音姓名學。
2. 如何從姓名看流年。
3. 用姓名趨吉避凶、造命開運。
4. 如何取公司名字。
5. 婚姻宮－戀愛、訂婚時會發生什麼事。
6. 外遇篇－外遇事件如何處理、假象夫妻。

飛星紫微斗數（初、高、職業班）

教學內容：星性解說、十二宮分析、飛星四化解說。

一、初期班

1. 排命盤
2. 論星性：紫微、天機、太陽、武曲、天同、廉貞、天府、太陰、貪狼、巨門、天相、天梁…等。
3. 論雙星組合：紫微天府、紫微貪狼、紫微天相、紫微七殺、紫微破軍、天機太陰、天機巨門、天機天梁、太陽太陰、太陽巨門…等。
4. 論命宮。
5. 論兄弟宮。
6. 論夫妻宮。
7. 論財帛宮。
8. 如何論斷財、官、情、疾厄、壽及流年、大運的吉凶悔吝。

二、高級班（24堂課）

1. 如何論大運、論流年、論流月、論流日。
2. 課程以「紫斗、八字、人相」的星、命、相合參應用為主。
3. 秘傳道家的以十二生肖、六十甲子太歲及吉祥、制煞物等的「造命開運」法及「趨吉避凶」法。
4. 紫斗「天、地、人、玄」四盤的傳授。八字「算、看、批、通」四法的教導。人相「法眼、天眼通」

的訓練。

5. 飛星派獨傳改運法，化解命中的災劫。

三、職業班（跟隨胡老師身邊做助理，期間半年）

飛星派教學與別派不同，教學期間學生提供十張命盤，由胡老師教導如何論斷此人命運。不論上初級班、高級班、職業班皆由學生提供命盤給老師指導。

陽宅學

教學內容：

1. 擇日化煞法、催財、催貴。
2. 現代風水吉凶論斷之程序與應用。
3. 景觀風水、住家風水、商業空間之風水應用。
4. 羅經之應用與擇日學。
5. 門、客廳、廚房、睡房、書房擺設注意事項，開運御守。

奇門遁甲

教學內容：

一、初期班

1. 何謂奇門遁甲。
2. 陰陽五行、天干地支、日令、節氣、五行旺相之用事。
3. 奇門遁甲八門用法。
4. 奇門遁甲九星用法。
5. 奇門遁甲九神用法。
6. 陽宅學東西四命之財位吉位。
7. 科第文昌之佈局。
8. 吉祥物造命篇。

二、高級班

1. 催財魔法篇、燒木炭催財法、敲牆壁催財法、放鞭炮催財法、插花催財法、點香精催財法、吉祥物飾品催財法、七寶石求財法、盆栽聚氣法、風水車催財法。
2. 造運魔法篇。
3. 催婚魔法篇。

擇日學

教學內容：擇吉修造開運妙法。

一、初級班

以「協紀辨方書符」、「鰲頭通書」、「象吉通書」、「古今圖書集成」為主，輔以「選擇求真」而達「先天時空人」配合「後天時空人」的造命目的。課程中除詳介「通書便覽」及「三元擇日」的速成法外，並輔助民俗節日造命、催財、催官、奇門遁甲制化等秘法。

二、高級班

1. 巒頭法、理氣法、八宅法、紫白九星法、元運之理論詳述。
2. 利用陽宅居家佈局以達財、官、情、貴人、文昌之催化功效。
3. 陽宅配合擇日論移徙、入宅、安香、開市、安床、嫁娶等實務及儀式之配合。
4. 天（擇日）、地（陽宅風水）、人（四柱八字）、玄（玄神法）綜合運用、理論實務秘法傳授。
5. 以陽宅、擇日、奇門遁甲詳介各類「造命」用事之「修造法」講解指導。

手相學

教學內容：

1. 詳介掌紋、指紋、掌丘、手形、指相、氣色等。
2. 論斷婚姻、戀愛、財富、壽夭、疾病、個性、學業、靈性、事業、災厄等命運現象。
3. 論斷實務與技巧。
4. 贈送講義及資料。

面相學（24堂課）

教學內容：

一、初期班

以《神相全篇》、《太清神

鑑》、《人倫大統賦》等古書為憑，不過卻以目前時空的人們為詮釋的對象。講座中除傳授上相（神、氣）、中相（色、骨）、下相（形、位）之外，並以實例講述手相、痣相、心相、體相的合參法。「知人知面又知心」是現代人必備的生活、生存利器，盼各位都能擁有之！

二、高級班

面相十二宮簡介，大運流年。

1. 別讓氣色透露你的秘密。
2. 在一個適當的路口轉彎。
3. 如何增加競爭的能力。
4. 困境中找出路。
5. 如何生涯規劃。
6. 經濟不景氣，如何自我爭氣。
7. 如何論斷財、官、情、疾厄、子媳、個性、學業。
8. 獻給企業家們—用人十招。

西洋占星學

教學內容：星性的分析解說。

1. 命盤計算的準備與時間換算的基本概念。
2. 行星和其他重要點的位置計算
3. Placidus System宮位系統計算。
4. 宮頭位置的更精確計算。
5. 南緯地區的換算。
6. 命盤上各種位置的標記。
7. 黃道十二宮的基本概念。
8. 後天十二宮的基本概念。
9. 黃道十二宮的區分。
10. 符號與神話。
11. 宮主星。
12. 四正星。
13. 基本宮。
14. 固定宮。
15. 變動宮。
16. 三方宮。
17. 現代占星學上的行星意涵。
18. 行星的逆行、互容和廟旺陷弱。
19. 行星的解讀方式。
20. 行星的影響力及其論斷原則。
21. 個人的心理與行為反應。
22. 個人的環境與事件肇因。
23. 行星落入星座的徵象說明。
24. 宮位的環境制約。
25. 先後天宮的結合。
26. 行星落入宮位的徵象說明。
27. 相位的分類。
28. 相位的論斷原則。
29. 相位徵象的說明。

※注意事項：

1. 各講座於每年3、6、9、12月開課。
2. 在台北、中壢、台中、台南有教學教室。台北、台中等地由胡婕筠老師指導教授；台北、中壢、台南等地由胡山羽老師導教授。
3. 胡老師的網址：http://home.kimo.com.tw/a341267/

拜出好運來

D6109

著　　者／胡婕筠・胡山羽
出 版 者／生智文化事業有限公司
發 行 人／宋宏智
總 編 輯／賴筱彌
企　　劃／陳裕升・汪君瑜
責任編輯／林淑雯
文字編輯／張愛華
版面構成・封面設計／nana設計工作室
印　　務／黃志賢
登 記 證／局版北市業字第677號
地　　址／台北市新生南路三段88號5樓之6
電　　話／(02)2366-0309
傳　　真／(02)2366-0310
網　　址／http://www.ycrc.com.tw
E-mail／shengchih@ycrc.com.tw
印　　刷／鼎易印刷事業股份有限公司
法律顧問／北辰著作權事務所　蕭雄淋律師
郵政劃撥／19735365
戶　　名／葉忠賢
初版三刷／2005年1月
定　　價／新臺幣250元
I S B N：957-818-578-2（平裝）

總　經　銷／揚智文化事業股份有限公司
地　　　址／台北市新生南路三段88號5樓之6
電　　　話／(02)2366-0309
傳　　　真／(02)2366-0310

國家圖書館出版品預行編目資料

拜出好運來 / 胡婕筠・胡山羽合著.--初版.
– 臺北市 : 生智, 2004 [民 93]
面：　公分

ISBN 957-818-572（平裝）

1. 祠祀 - 中國　2. 祭禮 - 中國

272　　92019724